拝啓 文部科学大臣殿
がんばろう、日本の教育

震災復興と子どもたちの未来のために

桃井正彦

花乱社

東日本大震災により犠牲になられた方々のご冥福をお祈りいたしますとともに、被災された皆様に対し、心からお見舞い申し上げます。

被災地の復興は日本の復興であり、日本の復興は教育との呼応が欠かせません。今、まさに教育の真価が問われています。

今回、微力ではありますが被災地へ、そして日本の将来への思いを込め、本書を上梓させていただきました。被災地の一日も早い復興を心からお祈り申し上げます。

拝啓　文部科学大臣殿

東日本大震災での対応などで大変お忙しい中、突然、お便りを差し上げて申し訳ございません。私は福岡県の地方で高校に勤めている一人の田舎教師です。

この度、このような形で突然、私の思いを申し上げさせていただきますのは、教育現場と政治や国の教育行政との間に大きな隔たりがあり、教育現場の声や悲鳴が教育の最高責任者である大臣に伝わっていないと強く感じたからです。浅学非才な私が、このような形でご意見する立場にないことは重々承知いたしておりますが、教育現場の現状や教師としての思いをお伝えすることが、日本の教育再生に向けて私ができる些細《ささい》な一歩だと考えました。

早いもので私は五十歳という節目を過ぎ、教師として十八年目を迎えました。学生時代から教師になることが夢でしたが、教員の採用試験に合格することができず、大学を卒業した後は地元の市役所（福岡県行橋市）に勤めました。市役所には十一年間勤務、この間、主として広報を担当させていただきました。私自身、市民のために何ができたのか、東日本大震災の各被災地で、自治体の職員が不眠不休で住民のため懸命に働いている姿を報道で拝見し、行政マンとしてのあるべき姿を改めて実感させていただいたところです。

一度は教師になることを諦めた私ですが、やはりその希望を捨てきれずに再度教員採用試験に挑戦、三十三歳でその夢を叶えることができました。「急がば回れ」という言葉がありますが、市役所時代の経験やいろいろな方々との出会いは私にとっての貴重な財産。今振り返れば、私にとってこの市役所勤めは、教師としての自分を築く上でかけがえのない時でした。

私を人間として成長させ、育ててくれた市役所勤めを辞め、教師としての新しい一歩を踏み出す時、「教師は若くして『先生』と呼ばれ、世間知らずになる。融通が利かない教師が多いが、お前はそうなるな」と、いろいろな知人から助言されました。これは世間が持つ教師への一般的な印象であって、私自身もかつて当時の教師に対してそのような偏見めいた考えを持っていました。

しかし、私は現在、「教師ほど世間に敏感に対応しなければならない職業はない」と考えていますし、仮に「教師は世間知らず」と感じている人がいるとすれば、その人の方が世間知らずなのだと思います。

なぜならば、さまざまな問題を抱える子どもたちへの教育活動、価値観が多様化し権利意識が高揚した保護者への対応、特に「モンスター・ペアレント」という言葉を耳にする昨今において、教師は世間知らずでいられるはずがないからです。

確かに、教師の中には世間の感覚とずれている人もいるかも知れませんが、それはほんの一握りの存在。むしろ、最近の教師は世間を気にしすぎ、さまざまな方面からの無理難題に融通を利かせすぎるきらいがあり、もう少し毅然とした態度で臨む姿勢が必要ではないかと私は思っています。〝変な〟圧力に迎合せずに教師としてのあるべき姿を貫き、その結果、世間知らずと揶揄されるのは教師としての誉《ほま》れではないでしょうか。

＊　＊

今回の東日本大震災は私たちにとっては信じがたい、大変ショッキングな出来事でした。犠牲になられた方々の無念さ、被災された方々のご苦労を思うと、胸が痛み、いたたまれない気持ちになってきます。

　今現在、被災地においては仲間の教師たちが、子どもたちのことを考え、懸命に行動しています。恐ろしい現実を目の当たりにした子どもたち、家族を亡くし、各地に避難している子どもたち——このような子どもたちの心のケアや教育活動の完全な回復には多くの時間と労力が必要となります。校舎が崩壊し、教え子を亡くした悲しみを乗り越えながら、被災地で子どもたちと必死に向き合おうとしている教師たちに、文部行政としてしっかりとエールを送っていただきたいと思います。

＊　＊

　ところで、現代の日本は物質的な豊かさや利便性と引き換えに多くの大切な価値観を失おうとしており、この背景には教育活動の衰退があります。また今回の大震災は、私たちが必死に築いてきた豊かさが大自然の猛威の前にはいかにもろく、当たり前に思ってきた利便性も、いかに脆弱な土台の上に成り立っていたかということを気づかせてくれました。

さらに、世界が驚き賞讃した秩序正しい被災者の対応は、道徳や公共性という現在の若者たちが失いかけている日本人としての心のあり方やコミュニティの大切さなどを再認識させてくれました。そして、このような大切な価値観を失わせることなく、後の世代に伝えていくための役割を果たすのが教育だと言えます。

被災地の凄まじい状況を見せつけられた時、教育はいかにあるべきか。教育現場にあっては、この現状を子どもたちにどう伝え、何を考えさせていくべきなのか。私は現在、戸惑いながらも自分なりのビジョンを持たなければならないと思っています。

被災地の復興は日本の復興であり、教育活動ももちろん日本の復興と呼応したものでなければなりません。それは、日本の復興は形だけを元に戻すのではなく、失いかけている日本人としての心を取り戻す復興でなければならないと考えているからです。そしてこれこそが、日本が再び世界の模範たる国家として再生していくためのキーワードであり、そのために果たすべき教育の役割は特に重要だと言えます。

しかし教育現場ではさまざまな課題が噴出、先行き不透明で閉塞感が漂い、多くの教育関係者が疲弊し、希望の灯りを待っている状況にあります。今、最も大切な教育行政は、教育現場に勇気と希望をもたらす政策ではないかと思います。

　このたび、「がんばろう、大震災からの復興」、「がんばろう、日本の教育」、「がんばろう、教師たち」、「がんばろう、家庭、そして地域社会」の四つの視点、四十三項目について、大震災をとおして考えさせられたことや日頃から学校という現場で生徒と向き合い感じること、また同僚教師など私の周囲の仲間たちとの間で共通の話題となることなどを、忌憚《きたん》なく記させていただきました。

＊　＊

　記述に際しては、いろいろな情景を思い浮かべながら、私なりの使命感をもって書き進めましたが、冷静に考えてみれば、結局のところ自己満足に過ぎないのかもしれません。しかし、自己満足と分かっていても、こういう形で私の思いを記していくべきだと考えました。

　それは、日本の教育の先行きが不透明で、じっとしてはいられないという心境に至ったからであり、些細な行動一つ一つの積み重ねが何かを動かす契機になるかもしれないと思ったからです。そしてこの私の背中を押してくれたのが、被災地の現実、被災地で必死に頑張っている被災者の方々の姿でした。

また記述内容は、すでに教育評論家などの有識者が指摘している部分が多く、目新しいものは少ないかもしれませんが、地方で働く一人の田舎教師が再提起することも、それはそれで意義のあることではないかと考えました。

日本の復興を確かなものとするためには、教育の再生が欠かせません。稚拙な部分も多いかと思いますが、現場の声や思いとしてお読みいただき、教育現場の現状を知るための一助としていただければ幸いです。

最後になりましたが、突然の失礼な行為をお詫び申し上げますとともに、日本と教育界の復興及び大臣の今後益々のご活躍を心よりお祈りいたします。

草々

目次

第1章 がんばろう、大震災からの復興

第2章　がんばろう、日本の教育

第3章 がんばろう、教師たち

第4章 がんばろう、家庭、そして地域社会

がんばろう、日本の教育

拝啓　文部科学大臣殿

震災復興と子どもたちの未来のために

甲子園での応援後，神戸の第５仮設住宅を訪れ，花を植えたり，吹奏楽部が演奏をするなどの交流を行いました（平成８年３月）。左下は美術部が贈った絵。

三十三歳で教師となり、最初に赴任したのは福岡県立小倉東高等学校。この学校では野球部が春の甲子園に出場、これが契

第1章

がんばろう 大震災からの復興

機となって阪神大震災の被災者の方々との交流が始まりました。そして、この交流の中で生徒たちは多くのことを学ぶことができました（「3　日本人が心を一つにしての復興」／「40　阪神大震災被災者との交流をとおして」参照）。

「がんばろう、日本」

私はこの言葉が大好きです。

頑張るということは、人間として生きていく上で最も大切なことです。

しかし最近、頑張ることを嫌い、頑張らないで楽な生活を送ろうとする若者が増えてきました。そうであるならば、教育は頑張ることの意義や素晴らしさを子どもたちに教えていかなければなりません。

平成二十三（二〇一一）年の夏、甲子園球場で行われた全国高校野球選手権大会の開会式で、「がんばろう、日本」の横断幕を先頭に入場行進が行われました。

そして「がんばろう、日本」という言葉を、私たちは今、日本中のあちこちで見たり聞いたりします。さらに、この言葉をキャッチフレーズとした若者たちのさまざまな活動は、日本の復興と未来の明るい国づくりの可能性を予感させてくれます。

流行した言葉は、やがて忘れ去られていくというのが世の常ですが、「がんばろう、日本」という言葉を一過性のものにしてはなりません。未来永劫《えいごう》の言葉とし、日本が飛躍していくための合言葉としていきたいものです。

ところで、被災地や被災者のため、私たちには何ができるのか。義援金やボランティア活動など直接的にできることは限られますが、大切なことは被災者の悲しみや辛さなど、その心情を共有すること。そのためには自身の生活を見つめ直し、日々の平穏な生活に感謝するとともに、当たり前と思っている便利さや豊かさに疑問を持つことも重要です。

また、自身の欲求のみを追求し、周りが自分に何をしてくれるかを期待するだけでなく、発想を転換し、周りに対して何ができるのか、社会のために何ができるのかを自身に問いかけ、小さなことから実行していくことが大切になってきます。

東日本大震災という辛く不幸な出来事、日本はこの大震災をどう捉え、どのように復興していくのか。

混沌とした日本社会の中にあって、私たちは、心を一つにして被災地の復興に向けて頑張らなければなりません。

1

被災地の思いを共有することが大切

国家、国民にとっての危機

●国難に英知の結集を

平成二十三（二〇一一）年三月十一日、私たちにとって恐ろしく、悲しく、信じがたい出来事が起きてしまいました。東日本大震災。尊い人命が数多く犠牲となり、人々が長い年月をかけて築いてきた生活が一瞬にして呑み込まれてしまいました。

震災直後、夫や妻、子、親、兄弟、孫など愛する命、家や財産、働く場など生活の基盤をなくし、呆然と立ちすくむ方々がマスメディアで報道される度に胸が痛み、何もしてあげられないことへの空しさがつのる日々が続きました。

この出来事は国家と国民にとっての危機であり、日本社会のあり方が根底から問われることになりました。みんなの英知を結集して、この国難を乗り切っていかなければなりません。

大震災から間もない四月、私が勤務する福岡県立育徳館高等学校では、桜の花が咲き誇る麗らかな陽気の中、入学式が行われました。入学式は一般的に、華やかなムードが漂うものですが、今回は大変厳粛な気持ちで臨ませていただきました。式の中で私は、新入生の学年主任として生徒・保護者のみなさんに次のような挨拶をさせていただきました。

●集える喜び、学べる喜び

――このたびの東日本大震災で、多くの人命が犠牲となり、その中には春の入学式を楽しみにしながら人生と夢を絶たれた子どもも多くいました。また、おそらく一生忘れることができないであろう恐怖と悲しみを体験した被災者が数多く存在し、辛い気持ちに耐えながらの避難生活を強いられています。食糧や燃料、医薬品などの生活物資が不足し、幾日も入浴できない日々が続いています。

入学式が行われているこの瞬間も、被災地では大変な状況が続き、被災者が必死に耐え、当たり前のことが当たり前にできない状況にあり、多くの学校では全く学校再開の見通しが立っていません。

また、福島の原子力発電所の現場では、関係者が文字通り命を賭けて災害の復旧に努めています。私たちは、被災地への思いを胸に抱くとともに、今、このような形で入学式を行えることの有難さに感謝し、集える喜び、学べる喜びをしっかりと心に刻まなければなりません。「がんばれ、日本」、「がんばろう、日本」、混沌とした日本社会の中にあって、私たちは今、心を一つにして被災地の復興に向けて尽力しなければなりません。

義援金や節電など我々が今後、直接的に被災者のためにできることは限られていますが、大切なことは被災者の悲しみや辛さなどの心情をできるだけ共有すること。そのためには自身の生活を見つめ直し、日々の平穏な生活に感謝しなければなりません。

また、当然と思っている便利さや豊かさに疑問を持つことも大切です。自身の欲求のみを追求し、周囲が自分に何をしてくれるかを期待するだけではいけません。発想を転換し、周囲に対して何ができるのか、社会のために何ができるのかを自分自身に問いかけ、今できる、小さなことから実行していきたいものです。

そうした行為は、机上での教科・科目の学習よりも大切で、日本人、いや人としてのあり方を学ぶ学習だと言えます。――

●復興の中で大切な心を取り戻したい

私はこれまで何度も入学式に臨んできましたが、今回は特別な思いがつのった式でした。この思いを生徒たちとしっかりと共有していきたいと考えています。

これまで私たちは、汗を流し懸命な努力を重ね、現在の豊かさを築いてきました。しかしこの豊かさを築く過程の中で、人としてのあるべき姿など、大切な何かを失い続けてきたような気がします。

その獲得したはずの豊かさが自然の猛威とともに消え去った時、我々に何が残るのか。それは、日本人としての生き方や助け合いの精神など、消えかかろうとしていた日本人としての心ではないでしょうか。

今、国民が心を一つにしてこの国難とも言える大惨事を克服し、復興を図っていかなければなりません。そしてその復興の過程で、私たち日本人は忘れかけていた大切な心を取り戻していかなければならないのではないでしょうか。そのためには、東日本大震災で被災した地域の復興とともに日本の教育をも復興させていかなければなりません。

2 世界が驚き尊敬した被災者の行動

日本の教育が築いた国民性

●「私はまだ生きているから幸せです」

大震災における、被災者の冷静な振る舞い、人としてのあり方を崩さなかった姿勢には頭の下がる思いがしました。特に「私はまだ生きているから幸せです」と気丈に振る舞う高齢の被災者の姿、狭い避難所の中で肩を寄せ合い不自由な生活に耐える姿、そして使命感をもって被災地で必死に働く方々の姿からも、私たちは多くのことを学び、逆に勇気づけられました。

また今回の大震災で世界的に注目されたのが、被災者の秩序だった行動であり、世界の多くのメディアは物の略奪や便乗値上げなどのない際立った公共性を驚きと尊敬の眼差しでもって報道していました。さらに、福島原発の事故処理に関しては、社会のため、また自分の職責を果たすために、命賭けで復旧に携わる電力会社や消防などの関係者の姿が大きくクローズアップされ、この勇気と美徳は世界から賞讃されました。

●日本の教育が育んだもの

こうした道徳や公共性の高さは、日本という共同体の中で育まれ、家庭での躾《しつけ》として親から子へと代々受け継がれてきたもので、その意味で世界からの賞讃は、日本人としてのあり方、人としていかにあるべきかを教えてきた、日本の教育への賞讃でもあったはずです。つまり教育は「国家百年の大計」といわれますが、共同体における道徳や公共性を重んじてきたこれまでの日本の教育の素晴らしさが再認識されたものだと言えます。

今回の世界の報道を見て、以前、外国から来た友人が日本を訪れ市街地を案内している時、どうして自動販売機がこんなにあるのか、なぜ壊されないのかと不思議がっていたことを思い出しました。やはり、日本の治安の良さや日本人が持つ道徳や公共性の高さは世界に誇るべき国民性であり、日本の教育が築いた最大の成果だと言えます。

しかし昨今、この国民性や日本の教育にさまざまな歪みが生じつつあります。第2章で詳しく述べさせていただきますが、近年、自由や権利の概念が誤って捉えられ、自分勝手な行動が世界に誇るべき道徳や公共性の高さを蝕んできています。

さらに、かつて勤労が美徳とされ、アジアの国家づくりの模範とされた日本、家族のため社会のため必死に働き、「ウサギ小屋に住む働き蜂」とまで称された日本人の間で、働くことからも学ぶことからも逃げようとする「ニート」が問題となるなど、日本人の勤労観にも変化がみられるようになってきました。

●豊かさや利便性の脆さ

これらの歪みを生じさせてきた理由としてはさまざまな要因が考えられますが、突き詰めて考えていくと皮肉にも、我々が必死に獲得してきた豊かさと利便性こそが、その元凶だと思われます。この豊かさや利便性の中で核家族や独り暮らしが増加し、自分自身の生活を楽しむことに主眼が置かれるようになったことが、共同体意識の欠落につながっていったのではないでしょうか。

また、子どもたちは親から買い与えられたゲーム機や携帯電話のサイトで自分の世界に埋没するなど、従来人格形成に大きな影響を与えていた共同体の中での「遊び」も大きく変化してきました。その結果として、社会との接点が希薄になり、人間としての人格形成に歪みを生じさせたのだと思います。今回この大震災は、我々が築いてきた豊かさや利便性がいかに脆《もろ》いものかということに気づかせてくれました。

今、私たちは道徳や公共性を重んじてきた日本のこれまでの伝統的な教育に自信と誇りを持つべきです。当然ながら、私たちが生活していく上で個人の自由や権利というものは人として最も尊重されなければならない大きな要素です。しかし、昨今、この自由や権利という概念が誤って捉えられるようになってきているということを冷静に考えてみる必要があります。

私たちの毎日の生活は個人の自由や権利と公共の福祉とのバランスで成り立っています。そしてこのバランスを保つことが人間としての尊厳ではないでしょうか。今回、被災者の方々は、ギリギリの生活の中にあってもその人間としての尊厳を守り抜いています。被災地からの大切なメッセージを私たちはしっかりと受け止めなければなりません。

3 日本人が心を一つにしての復興

教育がなすべきことは

●被災地を思う全国的な動き

今、被災地のために何ができるのか。日本全国でいろいろな人たちがそのことを考えて行動を起こしています。私の地元福岡県からも多くの方々がボランティアとして被災地に向かい、震災直後はラーメン屋のグループが温かい博多ラーメンで被災者を励まそうと出発していく様子がテレビ映像で流されていました。また茨城県では暴走族が「これを機会に心を入れ替え、街の復興を手伝いたい」と組織を解散してボランティア活動を行うことを宣言したと報道されていました。

このような被災地を思う全国的な動きの中、私が勤務する学校でも生徒が立ち上がり、募金活動を行って義援金を送りました。また、文化祭では被災地に早く笑顔が戻ること願い、テーマを「笑顔」として各種の催しや「上を向いて歩こう」の合唱などを行いました。

今、被災地の復興を願う草の根的な行為が全国各地に広がっています。これは大変喜ばしいことで、これらの行為や被災地への思いこそが被災者を勇気づける源泉ではないかと思います。

そして、このような動きが若者たちの心を変えようとしています。それを確かな形で感じたのが二〇一一年サッカー女子W杯ドイツ大会での、なでしこジャパンの優勝でした。彼女たちはさまざまな思いをもって闘いましたが、その一つが被災地への思いで、彼女たちはインタビューの中で「被災者を勇気づけたいと思って頑張りました」、「逆に被災者から勇気をもらいました」と何度も言っていました。被災地を思う彼女たちの心は、私たちに大切な何かを思い起こさせてくれたのです。

●被災地と若者をつなぐボランティア

私は、全国の若者に可能な限りボランティア活動を行わせることが重要だと考えています。ボランティア活動を奨励する理由は二つあります。一つは、当然のことですが被災者や被災地のお役に立ち、復興を支えるマンパワーとしての役割です。

そしてもう一つは、ボランティア活動を行うことにより、復興ということを身近に考えてもらうためです。自分の行為が社会のために役立つと感じることは、自分の存在価値を見出すきっかけとなり、それが若者に社会の一員であることを自覚してもらうための契機となります。

私はかつて、前任校の福岡県立小倉東高等学校で生徒会の顧問をさせてもらった折、阪神大震災で被災された方々、具体的には神戸市にある仮設住宅と学校との交流を数年間行わさせていただきました。このことについては第4章で詳しく述べますが、交流により多くの被災者に喜んでいただくとともに、生徒たちに社会に関心を持たせる貴重な契機となったことも大きな成果でした。

今回のような状況においては、学生にボランティア体験を数週間から一カ月程度実施させ、それを卒業に必要な単位として認定することも具体的な政策として検討すべきではないでしょうか。大変な面も多いと思いますが、国難とも言える大惨事においては真剣に検討すべきことであって、大学や受け入れ側の準備など、きちんとしたシステムを作り実行していくべきだと思います。現在のように大学生活の多くを就職活動に費やさなければならない状況を改善して、その時間やエネルギーを社会や地域のために使うシステムを文部科学省が音頭をとって大学側や産業界の協力を得ながら作り上げていってほしいものです。

●何ができるかを考えることが道徳教育

ボランティアは被災地を助け被災者を勇気づけることになるのは当然ですが、それと同時に、子どもたち自身の心を育てていく大切な機会となります。すなわち、自己中心的な発想で自らの欲望を充たすための行動が中心になりつつある若者たちが、「被災地のために何ができるのか」を考えること自体に教育的な効果があるのではないでしょうか。そしてこれは、私たちが心の奥にしまい込んでいた人としてのあり方、忘れかけていた大切なことを思い出させてくれる最高の道徳教育ではないかと思います。

道徳教育についても後で詳しく述べますが、子どもたちに今回の大震災について考えさせること、被災地の思いを共有させ自分に何ができるかを考えさせることは、今、教育現場として実行しなければならない最も大切な道徳教育だと言えます。

4 被災地に見た政治家、行政マンのあるべき姿

政治は何をなすべきか

●懸命に頑張る自治体の首長や職員

被災地からの報道を見て感動させられたのは、役場自体が流され、多くの職員が被災して自治体そのものが崩壊状況にあるにもかかわらず、不眠不休で懸命に住民たちのために頑張る自治体の首長や職員の姿です。中には自分の家族を亡くしながら、悲しむ間もなく住民のためにその職責を必死に果たそうとする方々もいます。

日頃、政治家の不祥事や官僚のあり方が批判的に報道されるなど、政治や行政への信頼が揺らぐ中、この被災地での首長や自治体職員の姿こそ、本来あるべき政治家の姿、行政

マンの姿だと思いました。このような住民のために全力を尽くす公務員のあるべき姿は、子どもたちにしっかりと教えなければならないことであり、政治や行政に対する信頼を回復させるための機会とすべきです。

一方、中央の動きには、多くの国民が苛立ちを募らせています。おそらく、中央政府はさまざまな角度から、そのための政策を懸命に実施し、関係者は昼夜を問わず必死に動き回っているはずだと思いますが、残念ながら私たちにその決意や動きがなかなか伝わってきません。これにはマスメディアの報道姿勢も影響しているのかもしれませんが、結果的に多くの国民は不安や不満を抱いてしまいます。それはなぜなのでしょうか。

●政治に求められる強いリーダーシップ

政治に今、最も求められているのは国民を引きつける強いリーダーシップです。ここ数年、政治においては、選挙で勝つことをあまりにも意識してか、国民に与える内容の政策を多く掲げ、負担を強いる政策は後送り。悪い言い方をすれば、国民の人気を得るための政策がアピールされ、都合の悪いことは後の世代への負担として残そうとしています。

しかし、この非常事態の中にあって大切なことは、一人ひとりの国民に、社会のために何ができるのか、何をなすべきかを真剣に考えてもらうこと。現状のままでは被災地のみが苦労し、多くの国民はこれまでどおりの生活を享受できているという不公平な状況を改善することはできません。被災者や被災地だけに負担を強いるのではなく、その負担を多くの国民で分かち合っていくための政策が求められています。

かつてアメリカのジョン・F・ケネディ大統領は就任演説で「祖国があなたに何をしてくれるかではなく、あなたが祖国のために何ができるかを問うてほしい」と述べ、国民の力を結集させました。今、政治家は国民に対して、この言葉を突きつけていくべきです。

そして被災者の生活を安定させ、被災地を復興させていくためのさまざまな政策を躊躇《ちゆうちよ》せずに実施していくこと。そのためには既存の政策の見直し、さらには特別立法や増税も真剣に考えていくべきであって、多くの国民はその英断を待っているのではないでしょうか。

●政と官のチームプレーを

また、その英断のためには、しっかりとした政治基盤が必要であり、与党も野党も確かな協力体制を築いた上で国難に立ち向かってもらいたいものです。前政権では政治の混乱がマスメディアをとおしてクローズアップされていましたが、それを見て被災者が何を感じたのか。政治は私たち素人が考えるほど簡単ではないということは理解しているつもりですが、政治家は、どのような状況にあっても私たちに希望や安心感を与える存在でなければなりません。

そして政治はその責任を果たすために、官僚の力を大いに活用すべきだと考えます。官僚のあり方についてはまた後で詳しく述べますが、戦後荒廃した日本の復興には官僚の存在が欠かせませんでした。

今しきりに訴えられている政治主導も大切ですが、政治家だけの力には限界があります。そのことが露呈したのが最近の政治情勢であって、政治家としての力量不足が復興の足を引っ張っているような気がしてなりませんし、行政マンとしての官僚には政治家以上に行政的な経験や知識があるはずです。

政治家としての判断をしっかりとしながらも、官僚に任せるべきところは任せていくこと。政と官の関係を修復した上で、役割分担をきちんとしたチームプレーとして、国家としての危機に立ち向かう行政運営、その姿を被災地の方々や将来を担う子どもたちに見せてほしいものです。

5

これからの原発、エネルギーをどう考えるのか

主権者としての責任

●電力需要をまかなってきた原発

住宅のオール電化など、電力なしにはまったく何もできない生活スタイルへと変化してきました。そしてその飛躍的に増えていく電力需要をまかなってきたのが原子力発電。こう考えると、今回の福島第一原発の事故を人災だとして一方的に東京電力を非難するだけでは事は終わりません。当然、東京電力の責任は最も重大で、その責任から逃れることはできませんし、被災者、被災地のため、社運をかけて償っていくことは避けられません。

しかし一方で、これまでの原子力行政を推進してきた歴代の内閣をはじめとする政治や

行政の責任、それを支持しその原発で作られてきた豊かさを享受してきた国民の責任はどうなるのでしょうか。

今こそ、この責任を果たすために、私たち国民は被災地のために最大限の努力をなすべきであって、被災地の苦悩や負担をみんなで分け合っていく必要があります。

ところで今回の福島第一原発事故の深刻さは、かつて世界を震撼させたチェルノブイリと同じレベルだとする報道がなされ世界を揺るがせました。ヨーロッパの状況を見ますと、電力の多くを原子力に頼るフランスは〝原発大国〟としてその安全性を誇示しているようです。一方ドイツでは、首相が原発推進から脱原発へと方針を転換させたことが報道されていました。アメリカやロシア、アジア諸国でも動揺が広がり、今後の原発のあり方が世界で議論されています。

●日本の原発はどうあるべきなのか

これからの原発は、どうあるべきなのか。日本はこれまでずっと原発の比重を高めてきました。この方向性は、世界のエネルギー需要が拡大していく中で、地球温暖化問題などを総合的に考えると、これまでとしては許容される政策だったのかもしれません。しかし、今回の事故で原発の安全性が大きく揺らぐ結果となり、今後のエネルギー需要をどう確保していくかを考え直さなければならない状況となりました。

日本はこれから、原発の安全性をさらに高めていく中で、これまでの方針を貫いていくことができるのか。いくら安全だとPRしたところで、一〇〇%安全な原発づくりが可能なのか。仮に安全性を追求できたとしても、今回の事故を目の当たりにした国民は、自らの記憶を消し去ることはできないだろうと思います。

また、万が一の事故のリスクを考える時、今後、原発を新しく建設していくことは大変厳しいものがあります。前政権は脱原発への方向に大きく舵をきろうとしましたが、経済界などから産業の空洞化を招くとして反発を受けました。また、休止している原発を再開させていくため、電力会社などが世論を誘導しようとした動きも露呈しました。

ではもし、脱原発の方向に政策を転換していくのであれば、代替エネルギーとして何を考えるのか。資源に乏しい日本の国内事情、さらには地球温暖化問題などを考え合わせれば代替エネルギーとしては自然エネルギーということになりますが、現在この比重は一%程度だといわれています。将来的にはこの比重を高めていくことは大切であり、最も重要な政策の一つだと言えます。

●子どもに提示し考えさせる

菅内閣の時、首相が執念を燃やしていた「再生可能エネルギー特別措置法」がなんとか成立しました。これは今後のエネルギー行政を考えれば朗報だと言えますが、電力会社から買い取りが拒否される可能性や、買い取り価格の水準をどう決めるかなど、さまざまな課題が指摘されています。仮に良い方向にすすんだとしても、今後の差し迫ったエネルギー需要をすぐにまかなえる状況にないことは明らかです。

それでは日本は今後、電力需要をどう確保していくのか。政策には賛否両論がつきものですが、政治は国民の声をしっかりと聞き、将来ビジョンを描いた上で、日本のあるべき方向性を示してほしいものです。

そして教育は、原発の是非だけにとどまらず、代替エネルギー問題などこれに関わるさまざまな問題を子どもたちにしっかりと提示し、考えさせていくべきです。また、そのような体験をさせることこそが、子どもたちが将来、有権者として政治に関わっていく下地を築いていくことであり、民主主義の原点である主権者としての国民を育てるという教育本来の目的につながっていくのではないでしょうか。

6 これまでの利便性重視の生活を見直す機会に

節電や省エネの実施

●石油ショックを乗り越えて

震災後、東京電力管内では一時的に計画停電が実施されるなど電力不足が深刻化、企業では操業短縮や操業日の変更などを行いました。このような状況において、被災地以外の地域においても被災地を思い、節電の努力を確実に実施していくことが大切です。また資源小国の日本としては今回の大惨事を省エネやエネルギー全般について考えるための契機とし、私たちの生活のあり方を見直すことを真剣に考えていくべきです。

かつて、高度経済成長を終焉させた一九七〇年代の石油ショックで、日本の経済は省エネという方向に大きく舵をきりました。そしてその時政府は、積極的な政策を実行し、厳しい局面を乗り越えました。当時私は小学生でしたが、街のネオンが消え、休日にはガソリンスタンドが休業していたことなど記憶に残っています。

また、企業は大変な努力をし、省エネを進めていく中で、経済復興への活路を見いだしていきました。その結果、日本の省エネ技術は世界をリードし、日本は世界経済を牽引していく存在へと生まれ変わっていきました。お陰で現在、各電化製品の省エネ技術は当時と比べものにならないほど向上しました。しかしその後、利便性の追求や経済の活性化が最優先され、オール電化なども普及し、電力への依存度を高める状況を招くとともに、石油ショック時に抱いたような省エネに対する国民の意識は明らかに薄らいできています。

●豊かさに感謝しつつ、疑問を持つ

私たちは、現在の豊かさに感謝しなければなりませんが、同時にその豊かさに対して疑問を持つべきです。確かに経済は人々の欲求を満たし続けることで発展を遂げてきましたし、基本的にはその流れは変わらないと思います。

また生活を改善し、利便性を見直していくことは、経済活動の活性化という観点から考えるとマイナスに機能することは明らかですし、石油ショック時の政策を例として持ち出すのは非現実的だとも思います。しかし、人間にとって何が大切か、子どもたちにとって何が大切かということを考えるならば、自己の欲求を満たし続けることで発展し続けてきた現代社会に「待った」をかける必要があります。

最近の政策を例にとれば、高速道路を無料化し自動車での移動を奨励することは、利便性や経済の活性化という面からは有効な政策ですが、省エネや地球温暖化対策、財政などの側面からは、時代の流れに逆行する政策だと思います。今はむしろ、公共交通機関の利用を奨励し、受益者負担の原則を徹底させることが求められているのではないでしょうか。

●無駄の見直しの先に新しい日本の姿

また、深夜電力は使ってもかまわないとの指摘を受けるかもしれませんが、コンビニエンスストアや飲食店などは二十四時間営業する必要があるのか、さらに、新年元旦から初売りをする必要があるのかなど、利便性を過剰に追い求めすぎた生活や経済活動について、そのあり方を考えてみるべきです。

かつては夜や早朝、休日などは営業しない店がほとんどで、それ自体で不便を感じることはありませんでしたし、買いそこなえば店が開くまで我慢するのが当たり前でした。いつでもどこでも物が買える経済システムは、本当に良いシステムなのでしょうか。

利便を受けるというメリットとは逆に、人間が我慢をしなくてよい環境を作りだしました。子どもにとって我慢させるということは大変重要な教育活動であって、最近「キレる」という言葉が流行し、嫌なことを我慢する耐性が欠如している子どもたちが増えてきています。詳しくは第2章で述べますが、私たちは豊かさや利便性と引き換えに大切なものを失いかけています。

このように私たちの身の周りには、多くの無駄がシステム化され、それが当たり前のことになっています。いったんシステム化されてしまえば簡単にそれを変えるのは難しいことでしょうが、この機会を契機として、積極的なシステムの見直しを図っていくべきだと思います。

そしてその見直しから新しい日本の姿が見えてくるとともに、それを世界の模範たる国づくりへのスタートとしたいものです。

震災からの復興は私たちに、身近な生活を見つめ直す大切な機会を与えてくれているのかもしれません。

行橋・みやこ少年の船で子どもたちと訪れた沖縄の南部戦跡。団長として団旗に続いて歩くのが著者。左下は福岡県の塔での慰霊式（平成5年8月）。

地域の少年の船活動で、ボランティアとして何度も訪れた沖縄。子どもたちとともに、千羽鶴を携え南部戦跡を巡り慰霊を行いました。この活動を

第2章

がんばろう日本の教育

とおして、元ひめゆり学徒のSさんと出会い、命の大切さや戦争の悲惨さについて学ばせてもらいました（「16 沖縄の痛みから学ぶ戦争」参照）。私が子どもたちに授業で話す平和教育の原点は、この出会いにあります。

教育の役割は何なのか。

それは子どもを大人へと成長させ、山あり谷ありの厳しい社会を生き抜く力を備えさせること。すなわち、生きる力を持った人間を育てることです。

そして教育は百年の大計といわれるように、将来の国家社会をつくるという崇高な営みを担っています。

こう考えると今の日本の繁栄は、これまでの教育活動の賜《たまもの》。今回の大震災で世界が驚き賞讃した日本国民が持つ道徳や公共性は、これまで日本の教育が育んできた素晴らしい財産だと言えます。

しかし現在、これらの価値観を生み育んできた日本の教育に歪みが生じつつあります。

この歪みを生みだす元凶となったのが物質的な豊かさではないでしょうか。この豊かさが、頑張ることや我慢するという価値観や経験を奪い、自由や権利の概念を誤って捉えさせるなど、社会生活の根本を揺るがせつつあります。

戦後、多くの国民が貧しさに耐え、子や孫のためにと額に汗し懸命に働き、築いてきた豊かさや利便性が、逆に子や孫たちの人間としての成長を阻害しているという皮肉な現実。

私たちは今、物が溢れるほどの豊かさや利便性を享受し続けるという時流に、ただ単に流されるのではなく、少し立ち止まり、自分自身を見つめ直してみたいものです。

そして東日本大震災という辛く不幸な出来事は、そのことの意義を改めて私たちに突きつけているような気がします。

私たちは今後、大震災からの復興という大事業をなしとげていかなければなりませんし、真の復興は、日本人が無くしかけている大切な文化や心を取り戻していくという行為をともなわなければなりません。

そして、そのための重要な責任を担っていかなければならないのが教育、まさに「がんばろう、日本の教育」ということではないでしょうか。

学校という末端の現場で働く一人の教師として、日本の教育の課題や向かうべき方向性などについて考えてみました。

7 若者に明日の日本を託す

教育は次世代へのバトン

●チームワークの素晴らしさ

多くの国民に勇気と感動を与えてくれた二〇一〇年サッカーW杯南アフリカ大会での日本チームの活躍。私は熱狂的なサッカー・ファンではありませんが、ベスト16入りした選手たちの姿を見て何度も目頭が熱くなりました。

老いも若きも多くの国民を惹きつけた源は、日本チームの強さだけではなく、勝ち負けを超えた彼らのひたむきさ、そして集団スポーツとして最も大切なチームワークの素晴らしさにあったのではないかと思います。

強豪と戦う日本チームは、プレーする選手とベンチの控え選手とが一体となる中でチームとしての力をつけていきました。選手はみんなピッチで脚光を浴び、活躍するために南アフリカに行ったはずです。しかしそれができないという現実を前に、控え選手は悔しさをバネにしながら自分はこのチームのために何をなすべきかを考えて行動。その気持ちをしっかりと受け止めながらピッチで必死に闘うレギュラー選手。その自覚と実践とが、しっかりと結実したのが日本チームの活躍であり、そしてそれを引き出させたのが指揮官の岡田武史監督でした。

●個人の欲求が最優先される現代社会

一次リーグの突破がかかったデンマーク戦を前にした岡田監督の心境を、メディアは「便利、快適、安心になり、今の日本社会は人間が家畜化している。そんな中でスポーツだからできることがあるはず。目標をもってそこに向かっていくとき、人は輝く。ピッチで恐れることなく堂々とプレーをする選手が見たい。今の若者は覇気がないと言われるけど捨てたもんじゃない」（平成二十二年六月二十三日付「朝日新聞」）と報じていました。

この岡田監督の気持ちがすべての選手に伝わったからこそ、チームは団結し、素晴らしい戦いをすることができたのではないか、そしてこれを物語っているのが、悔しさを滲ませながらもＰＫを外した選手をかばおうとする選手たちの振る舞いではなかったかと思います。また、後で詳しく述べますが、二〇一一年女子サッカーＷ杯ドイツ大会で優勝し国民栄誉賞を受賞した「なでしこジャパン」のメンバーたちも同様に素晴らしく、みんな光り輝いていました。

豊かさは、物と引き換えに子どもたちから社会への関心やエネルギーを奪ってきました。そしてその延長線上にあるのが、自己中心的で、個人の欲求を満たすことが最優先される現代社会。自分自身の責任を他人や社会に転嫁、世の中への逆恨みが犯罪への引き金になったとのニュース報道を頻繁に見聞きするようになりました。このような現状において次代の社会の形成者としての自覚と責任を若者たちにいかに伝えていくか、教育現場において悪戦苦闘の日々が続いています。

●「今の若者は……」と言ってもダメ

しかし私たちが肝に命じていなければならないことは、「今の若者はダメだ」といくら批判してみても、私たちと日本の将来を託すのは若者だという現実です。教育は若者に将来を託していくための大切な手段、リレーのバトンのようなものだと言えます。

今を生きる私たちは、祖先から何をどのように受け継ぎ、それを未来へ、どう託していくのか。その託すべきものには文化、慣習、伝統、人としてのあり方など、さまざまなものがあります。そしてこのような崇高な営みを継続させていくためには教育がしっかりと機能していなければなりませんし、教育に携わる我々は、そのためにしっかりと汗をかかなければなりません。

「今の子どもたちは……」、「今の若者は……」と嘆く前に、今、目の前にいる子どもたちのため、若者たちのために何ができるのかを考えてみたいものです。サッカーばかりではなく、他の分野でも子どもや若者たちの目を輝かせることはできるはずです。

この意味で、東日本大震災の被災者のために何ができるのかということを考えさせ、ボランティア活動などを行わせることは、子どもや若者たちの目を輝かせるための貴重な機会になるのではないでしょうか。大切なことは、いかに若者をその気にさせるか、そのためにどのようなステージを私たちが準備できるのか、だと思います。

教育行政、そして教育現場においても、男女サッカー日本チームの選手たちが与えてくれた希望と勇気を糧として、新しい一歩を踏み出していきたいものです。

8 教育は百年の大計、将来の日本のあるべき姿

教育が人と国をつくる

●日本の繁栄は教育活動の成果

唐突ですが、教育とは何でしょうか。

『広辞苑』には「教え育てること。導いて善良ならしめること」とあります。また、ドイツの哲学者カントの「人間は教育によって、はじめて人間になる」という言葉は有名です。

私は難しい教育論を述べるような立場にありませんが、教育の大切さと難しさについては日々、痛感しています。人が人を導く教育という活動には、大きなエネルギーが必要で

す。そして、これに手を抜くと私たちの社会生活に混乱をきたします。なぜなら、教育は百年の大計といわれるように、教育のあり方によっては今後の国家社会を大きく変えてしまう恐れがあるからです。

こう考えると、現代日本の繁栄は、これまでの教育活動の成果の賜であるということになります。例えば、日本に住んでいれば日頃はあまり感じませんが、海外に出て、改めて感じることは日本の治安の良さです。街のあちこちに自動販売機が設置され、夜でも女性が安心して歩ける繁華街。この犯罪の少ない治安の良さは、日本が世界に誇るべき文化そのものです。

●豊かさと反比例に社会環境が悪化

かつて日本人の勤勉や勤労は世界に誇るべき国民性であり、アジアの新興国は日本を手本に、国家建設に邁進してきました。このような文化や国民性をつくりあげてきたのが日本の教育でした。そして、その国民性が目に見える形で現れたのが、世界を驚かせ賞讃された東日本大震災での被災者の道徳心や公共性に富んだ対応だったのではないでしょうか。

しかし残念ながら近年、物質的な豊かさと反比例する形で、治安の良さという日本の文化に陰りがさしはじめました。犯罪の凶悪化や低年齢化が叫ばれ、子どもたちを取り巻く環境は厳しい状況になりつつあります。また、フリーターやニートに象徴されるように、これまで日本人が培ってきた勤勉や勤労という大切な価値観さえも否定されようとしています。

これはすなわち、日本の教育が機能しなくなってきていることを意味しているのではないでしょうか。そうであるならば、教育は今、どうあるべきか、少し立ち止まり、冷静に見つめ直す時が来ているのではないかと思います。

●教育は民主主義の原動力

このような中、平成十八（二〇〇六）年に教育基本法が全面改正されました。この改正については、愛国心という言葉の持つ響きが、戦前の軍国主義を思い起こさせるということなどで、賛否両論がありました。当然のことですが、愛国心が戦前のように解され、日本社会が誤った方向に進むことがあってはなりません。

しかし、自由や権利を自分本位にとらえ、〝自分さえよければ……〟とする風潮が蔓延している現代社会にあって、法に盛り込まれた「正義と責任」、「公共の精神」、「伝統と文化の尊重」、「我が国と郷土を愛する」などの価値観は、今からの日本の教育をより良きものとしていくための重要な視点だと考えます。

私たちはいろいろな行動を起こしていく場合、常に「正義と責任」ということを意識してその是非を判断することが必要であり、その際には自分勝手は許されず、社会の一員として「公共の精神」を忘れてはなりません。また、日本人としての価値観を持ち続けるためには「伝統と文化の尊重」は欠かせないものであり、「我が国と郷土を愛する」気持ちがなければ、住みやすい国や地域社会を築くことはできません。

健全な民主主義国家を建設していく原動力は教育です。今後、この教育基本法の理念を具体的な政策としてどのように実現していくのか、文部行政としての手腕が問われています。そしてその的確な指針のもと、我々教師もさまざまな課題解決に向け、しっかりと汗をかいていかなければならないと思っています。

9 人を社会という大海原へと巣立たせる

教育の大きな使命

●生きるエネルギーを蓄える場

私は市役所勤務時代、地方の行政マンとしての立場で社会教育に関わってきましたし、広報の取材活動などの中で多くの子どもたちとも接してきました。しかし、学校教育の現場で汗を流したいとの想いが消えることはありませんでした。お陰様で長年の夢が叶い、三十三歳で十一年間勤めた市役所を辞め、新しい一歩を踏み出しました。

その際、お世話になった行橋市と市民への感謝を表すため、生意気にも『市役所中退』という本を出版しました。そして、その「あとがき」に、教師への想いを「私たちが住む社会は山あり谷あり、晴れの日もあれば嵐の日もあります。（略）学校教育とは、この社会を生きていくためのエネルギーをじっくり蓄えさせてやる場ではないかと思うのです。／特に高校時代は社会という大海原へ旅立つ最終準備の時。社会とはどういう場なのか。人としてどんな生き方が大切なのか。こんなことを生徒たちに語りかけることのできる教師でありたいと願っています。／市役所を中途で退職する私。〝市役所中退〟の私が高校教育という現場で何をなしうるか。十一年間、行政マンとして仕事をさせていただいたことへの感謝と精一杯頑張れたことに対する自信。この体験を高校教育という場で生かしていくことが私の使命であると思うのです」と記しました。

●人間は教育によってつくられる

私の教師としての原点はここにあり、私自身が生徒の指導に行き詰まったり、教師としてのあり方を見失いかけた時には、この「あとがき」を読み返します。物質的に豊かな社会でありながら心の貧しさが叫ばれる昨今。現在、教育に求められていることは、子どもたちの心に社会で生きていくためのエネルギーを注ぎ込んでやること。教師はその使命をしっかりと認識しなければなりません。

ルソーは教育の本質について名著『エミール』の中で「植物は栽培によってつくられ、人間は教育によってつくられる。（略）わたしたちは弱い者として生まれる。わたしたちには力が必要だ。わたしたちはなにももたずに生まれる。わたしたちには助けが必要だ。わたしたちは分別をもたずに生まれる。わたしたちには判断力が必要だ。生まれたときにわたしたちがもっていなかったもので、大人になって必要となるものは、すべて教育によってあたえられる」（岩波文庫、今野一雄訳）と述べています。

教育の最大の使命は、子どもたちを社会へと巣立たせること。そして学校はそのための中心的な役割を果たさなければなりません。

●生きる力をどう備えさせるか

それでは、子どもたちに与えなければならないこととは、具体的に何なのでしょうか。当然、社会で生きていくための基礎学力は必要ですし、生徒が上級の学校への進学を希望すれば、そのための学力をつけさせてやることも重要です。しかし、現代社会は学問的な知識や学歴だけで生きていけるほど甘いものではありませんし、むしろ社会ではそれ以外の力が必要となってきます。そして近年、社会で生きていくための力が十分に備わっていない若者が増えてきているということが気がかりです。

ちなみに昨今、経済産業省は基礎学力、専門知識とともに社会人基礎力の必要性を提唱しています。社会人基礎力とは具体的には「強い意欲」、「根気強さ」、「組織への貢献力」の能力を指し、当然、社会人として生きていくためには重要な要素になってくると思います。そしてこの社会人基礎力は、過去において、私たち日本人が日々の生活の中で自然と身につけていたものです。しかし、今あえて提唱しなければならないのが社会の現実であり、産業界からの悲鳴が聞こえてくるようです。

社会は厳しいところであり、人に甘えたり、頼りすぎては生きていけません。強い意欲と根気強さをもって自分の道は自分で切り開いていかなくてはなりません。そして、しっかりとした人間関係を築きながら帰属する組織に貢献することが求められます。

この生きる力を、子どもたちにどう備えさせていくか、産業界からの提唱をしっかりと受け止めることが教育界に求められています。

10 公共の福祉とのバランスが大切
真の自由・権利とは

●「表現の自由」の名の下に犯罪行為

昨今、「表現の自由」の名の下に、有害な情報が青少年を蝕み、児童・生徒が犯罪の被害者や加害者となっています。特に、ネット上では犯罪行為につながる恐れがあったり、さらには人権侵害やいじめを助長する匿名での記載が後を絶たず、教育現場ではその対策に苦慮しています。

また、職場や家庭に相手の都合お構いなしにかかってくる強引な勧誘電話は、営業の自由という範疇《はんちゅう》を超えているのではないでしょうか。

このように権利の本質を逸脱した一部のエゴにより、自由・権利という概念が不明瞭になってきています。

ところで、自由・権利とは何なのか。私は授業で、水や空気を例にして「水や空気がなければ人間は生きていけませんが、日頃、感謝の気持ちをあまり持ちません。自由・権利も同じで、そのありがたさを感じませんが、失った時にその重要さに気づくもの。しかし、気づいた時は、手遅れかもしれません」とファシズムを例にしながら生徒たちに話をします。悲しいことに、自由・権利が侵害され、恐怖政治が行われた時代がありました。私たちはこの過去の過ちを絶対に繰り返してはなりませんし、自由・権利を侵害する勢力の台頭を許してはなりません。

●自由や権利の本質を教えていく

そのためには、人間が生きていくために欠かせない自由・権利の本質や保障されることの意義をしっかりと学校で教えていく必要があります。しかし自由・権利を教える場合、忘れてはならないもう一つの側面があります。それは、自由・権利は他の人たちが被る迷惑を無視して自分勝手に行使してはならないということです。

憲法十二条に「この憲法が国民に保障する自由及び権利は、国民の不断の努力によってこれを保持しなければならない。又、国民は、これを濫用してはならないのであって、常に公共の福祉のためにこれを利用する責任を負う」と記されているように、自由・権利は公共の福祉とのバランスで成り立つものです。戦前の日本社会はお国のため、社会のため、という掛け声の下、個人の自由・権利が侵害される不幸な出来事が数々ありました。このような歴史が繰り返されてはなりませんが、今は逆に、社会や周囲の人たちのことがあまりにも軽視される状況にあります。

インターネットを介した犯罪が横行する背景には、自由・権利の名の下で多くの我が儘が放置され、それが犯罪への温床となっていることがあげられます。また、多くの若者が自由・権利と我が儘をはき違え、自分のことだけを考え、周囲を顧みないで他人に迷惑をかける事象が相次いでいます。なぜ、このような状況になってしまったのでしょうか。

●社会や周囲を軽視する風潮

当然ながら教育の責任は大きいと思いますが、だからといって、戦後の教育が間違っていたとは思いません。むしろ「個人としての尊重」や「自由・権利」を大切にする教育は正しかったと言えます。

ではなぜ、世の中はおかしくなってきたのか。それは、予想を超える速さで物質的豊かさが到来し、人々の欲望を複雑化させ、これが自由・権利に対する価値観を歪ませ、教育がその変化についていけなかったからではないでしょうか。であるならば、教育はこの変化に対応していくための軌道修正を早急に行う必要があります。

私は毎年、高校の公民科の科目である「政治経済」や「現代社会」で自由・権利について授業を行っています。教科書には自由・権利について多くのページが割かれていますが、公共の福祉に関しては比較的軽く扱われています。これと同様に、教育界全体が自由・権利の本質をしっかりと教えることができずに、社会や周囲の人たちのことを軽視するような教育を知らず知らずのうちに行ってきたのだと思います。

私たちは、今までの教育の何が問題だったのかを冷静に見つめ、自分だけではなく、みんなが幸せになるためにはどうすべきかを考える教育を実践していく必要があります。

震災後、被災者の方々は多くの自由を制限され、不自由な生活を強いられながらも、周囲への配慮を忘れてはいませんでした。この状況を子どもたちにしっかりと教え考えさせていくことが大切だと思います。

11 大切なのは「ダメなことはダメ」と教えること

教育の根本精神

●豊かさと引き換えに失う人としての価値観

学校や公共の場での傘の盗難。私は生徒に、傘であろうと何であろうと物を盗むことは窃盗であって、人として恥ずかしいことだという話をよくします。

また、街を歩くと盗まれて放置されたと思われる自転車を見かけることが多くなりました。そして情けないことですが、現状での盗難対策としては自己管理をしっかりと徹底することが最も根本的な策だと言えます。

これらは世の中で頻繁に起きている出来事で、おそらく傘や自転車を盗む方にはあまり罪悪感がなく、ただ単に物を借りるくらいの感覚だと思います。なぜ、このような社会になってしまったのでしょうか。

現代社会は、物質的な豊かさと引き換えに、大切なものを失おうとしています。私たちが社会の中で生きていく上で大切にしなければならないことは、人としてどのような価値観を持つかということです。そして教育活動は、この大切な価値観を、親から子、孫の世代へと受け継がせていくという重要な役割を担っています。

極端な言い方をすれば、教育で最も優先的に行わなければならないことは、さまざまな難しい知識を教えることではなく、人としての大切な価値観を教えること。その一つが、人間としてやってはいけないことをしっかりと教える「ダメなことはダメ」という教育だと思います。しかし今、私はこの最も大切な教育が重視されなくなってきていることに大きな危機感を持っています。

●会津「什の掟」が示す教育の根本精神

私が勤務する福岡県立育徳館高等学校は、前身は小倉藩の藩校であり、平成二十（二〇〇八）年に創立二五〇周年を迎えた県下一の伝統を誇る高校です。幕末から明治維新においいて、小倉藩と会津藩では人的な交流が行われ、その関係で学校には、会津からの来客が時々あります。私は同窓会の業務を担当している関係上、お世話をさせていただきますが、その時いつも感じることがあります。それは、会津の方々が、会津の教えに誇りを持ち、その教えを子どもたちに伝えていかなければならないという強い使命感を持っているということです。

会津藩の教育の根本をなす「什《じゅう》の掟」。「什」とは地区における少年の集団のことで、子どもたちには什への加入が義務づけられていました。この掟は、「年長者の言うことに背いてはなりませぬ」に始まり、「虚言を言うことはなりませぬ」、「卑怯な振舞をしてはなりませぬ」、「弱い者をいじめてはなりませぬ」など七つの項目を掲げた後、最後に「ならぬことは、ならぬものです」との文言で締めくくっています。

福島県は現在、原発事故で大変な状況になっています。多くの県民がこの厳しい状況に耐えながら秩序正しい生活を送っているのは、心の底にこの精神が根付いているからなのかもしれません。一日も早い復興を願うばかりです。

●道理に反する行為には毅然とした態度を

今、日本の教育で最も重要なことは、物事の道理をしっかり理解させ、道理に反することは絶対に許さないという姿勢を示す、「ダメなことはダメ」というシンプルな教育です。そしてそのために欠かせないのが「厳しさと温かさ」ではないでしょうか。

すなわち「嘘をついて他人を困らせた」、「強い子が弱い子をいじめた」、「人の物を盗んだ」など子どもたちが道理に反した間違った行動をした場合、大人は「ダメなことはダメ」という毅然とした厳しい態度で臨み、それがいかに悪いことなのかを気づかせてやらなければなりません。

そして、その心の内には憎しみではなく、子どもたちの将来を見据えた温かい想いが欠かせません。ちなみに温かさが伴わない厳しさは、教育ではないと思います。

特に幼児期や小学校において最も必要な教育は、英語教育やパソコンの使い方を教えることではなく、「什の掟」が示す「ダメなことはダメ」という教育だと思います。親や教師は厳しさと温かさを持って、徹底的にこのことを教え、実践していくことが、いじめを減らし、周囲に配慮できる子どもを育成していくことにつながっていくのではないでしょうか。

12

辛さや逆境に耐えられる人間の育成

強い人間とは

●耐えている時は成長している時

私は生徒に「強い人間とはどんな人間か」と尋ねられると、躊躇することなく、「いろいろな嫌なことに耐えられる人間」だと答えます。そして、さらに「私たちが生きていく社会には、楽しいことよりも、辛いことや悲しいことの方が多く、自分の思い通りにならない嫌なことがいっぱいある。その辛さや悲しみ、嫌なことに耐える中で人間として成長していく。耐えている時は強い人間へと成長している時だ」と話を続けていきます。そしてこれは、生徒に話をしながらも、いつも迷い、嫌なことから逃げようとする自分自身に言い聞かせている言葉でもあります。

社会は豊かになり、多くの子どもたちは幼い頃から高価なオモチャやゲーム機を買い与えられて遊んでいます。身の周りには物が溢れ、欲しい物があればすぐに買ってもらえます。子どもたちが日々の生活の中で我慢する場面が少なくなり、自分の欲求が簡単に満たされてしまう世の中になってしまいましたが、本当にこれでよいのでしょうか。

●我慢する体験が少ないまま成長

少し前の日本は、そうではありませんでした。家に経済的な余裕がないので、オモチャが欲しくても我慢し、仮に買ってもらったとしても大切にしました。遊びにおいてはガキ大将が率いる集団に属し、低学年は上級生に服従で、ソフトボールや野球をする時は、いつも球拾い。子どもの周りにはいつも我慢があり、我慢しながらいろんなことを学んできました。

しかし現在、多くの子どもたちは遊びや生活の場面で我慢するという体験が少ないまま成長しています。「キレる」という言葉が頻繁に使われ、青少年犯罪の増加が問題となる背景には、このことが影響しているのではないでしょうか。

今の教育に求められることは、子どもたちに我慢することを体験させ、辛いことや嫌なことへの耐性をつけさせることではないかと思います。

このような中にあって学校の役割は極めて重要で、我慢することの大切さをしっかりと教えていかなければなりません。学校は集団生活の場であって、そこにはルールがあり、好き勝手が制限されます。家庭と違って、学校では我が儘が許されないことは当たり前。すなわち集団生活には我慢が必要だということをしっかりと学ばせる重要な場が学校だということです。

●学校は我慢を体験させる場

家庭教育の中で我慢させるという体験が少ないまま学校に入学してくれば、授業中に我慢できないで動き回る子どもたちが増え、これが学級崩壊へとつながっていくのかもしれません。また自分の思い通りにならないからといって人を傷つけてしまったり、規律を必要とする学校生活に耐えきれないで学校に行きたがらない子どもが増えてくることになります。

当然、学校はこのような学校生活に適応できない子どもたちに対して、個別にきちんと対処していく必要があります。これは簡単なことではありませんし、対処方法もさまざまで、多大な時間と労力が必要となってきます。そして、この対処にはこれまでの体制では限界があり、教師の数を増やしたり、カウンセラーなど専門的な知識を持つ人たちの協力を得ることなどの対策が重要となってきます。

さらに、この状況で大切なことは、個別に対処すべき子どもへの教育を尊重しながらも、全体的には学校として安易にルールを無くしたり、好き勝手を許す風潮に流れてはいけないということです。学校生活の意義は集団での生活をとおしてさまざまなことを学んでいくことであって、安易に妥協してハードルを低くすることは、貴重なことを学ぶ機会を失うことにつながっていきます。

このように、学校は我が儘を我慢させ、社会の一員としての自覚を持たせていく場であることを見失ってはなりません。そして結果として、保護者の一部から「学校は厳しすぎる。融通が利かない」と批判されても、毅然とした対応をとり、学校としてブレてはいけないと思います。

要するに学校は学校らしくあるべきです。

13

人は不便さから多くを学び成長する

不便は大切な教育資源

●「一心不乱事に向かへば」

私が勤務し、母校でもある福岡県立育徳館高等学校は、宝暦八（一七五八）年に小倉城内に開学された藩校が前身で、学校は明治三（一八七〇）年に現在の京都郡みやこ町豊津に移転。かつてこの地は錦ケ丘と呼ばれ、赤土の丘陵を切り開き学校がつくられました。そして我が校では、粘り気のある赤土のように何事にもへこたれない不屈の精神「錦陵魂」（「赤土魂」とも呼ばれています）が代々、生徒に受け継がれてきました。

学校は山間部にあるため、交通の便が悪く、冬場はかなり冷え込みます。しかし多くの生徒たちは、雨の日も雪の日も自転車で黙々と坂道を上って登校、暑さ寒さに耐えながら学校で夜遅くまで勉学や部活動に励みました。この日々の生活が不便だったからこそ、生徒たちは「錦陵魂」という伝統の精神を自然と受け継いでくることができたのだと思います。

「恵まれし環境たたへ　この歴史心にきざみ　雪の日も嵐の朝も　たじろがず学にいそしみ　一心不乱事に向かへば　なにごとかなし得ざるべき」

これは校歌の一節です。この校歌は文豪・夏目漱石の小説『三四郎』のモデルといわれる文学者・小宮豊隆先生によって作詞されました。高校三年生は、この校歌を口ずさみながら、厳しい受験勉強に耐え、社会へと巣立っていきます。おそらく社会の中にあっても、辛い出来事に直面した時には、この一節を思い浮かべるのではないでしょうか。かく言う私もこの校歌が好きで、壁にぶつかった時、自然とこの一節を口ずさんでいることがあります。

●不便さを感じにくい世の中

しかし昨今、通学風景が様変わりし、自家用車での送迎が急増しています。また、数年前に校舎が新しくなり、生徒たちは空調が整った快適な環境で授業を受けられることになりました。この快適さが生徒たちから伝統の精神を奪い去っていくのではないかと心配です。いくら時代が変わっても、我が校の伝統精神「錦陵魂」が忘れ去られてはならないと思っています。

ところで今日、多くの子どもたちは、携帯電話を持ち、暇だからといって常にメールを打ち続けています。コンビニは二十四時間開いていて、欲しい物があればすぐに買いに行けるようになりました。子どもたちが日々の生活の中で不便さを感じる場面が少なくなり、自分の欲求が簡単に満たされてしまう世の中になってしまいました。前にも述べましたが、このように我慢をしなくてもよい生活からは耐性は育ちません。

●子どもは困ることで学ぶ

電話は用事がある時にかけるもので、暇つぶしの道具ではありません。暇があれば自分でいろいろなことを工夫して遊び、退屈であればそれを我慢させるべきです。

店は夜は閉まるもの、かつては日曜日も閉める店が多く、土曜日に物を買い忘れたら、月曜日まで我慢するしかありませんでした。物を買い忘れたら困るべきで、子どもは困ることからいろいろなことを学んでいくものです。

また、私は田舎育ちで、目の前にあるのは山や川や田畑、本当に不便な場所で小学校時代は約四キロの道程を歩き学校に通いました。しかし今考えると、私は不便さから多くのことを学び、この不便さが私を成長させてくれたのではないかと思っています。こう考えると、不便さは大切な教育資源です。私たちはこのことを今一度、しっかりと認識し直すべきです。

これから、世の中はますます豊かに便利になっていくでしょう。しかし、これは教育活動にとって大敵です。もし世の中が便利になるならば、意図的にあえて子どもたちに不便な状況をつくりだしてやるべきではないでしょうか。

今回の大震災をとおして、人間が築いてきた豊かさや利便性がいかに脆《もろ》い土台の上に成り立っているのかということ、さらには人間としてのあり方を考えさせられました。私たちは、このことを教訓としなければなりません。

14

オンリー・ワンの花を咲かすために

個性とは何か

●魁皇に見た強さとかっこよさ

我が校では毎年、六月に文化祭を開催しています。数年前、「百花繚乱」をテーマに文化祭を実施。フィナーレでは〝自分自身の生き方を大切にしよう〟との願いを込めてＳＭＡＰの「世界に一つだけの花」を生徒全員で合唱、感動の中に閉幕しました。私自身はこの歌を聴くと「そんなに悩まなくていいよ、あなたはあなたらしく、あなたのできることを精一杯頑張ればそれでいいんだよ」と勇気づけられる気がします。

野球の野村克也監督はインタビューでよく、王選手と長嶋選手をヒマワリに、自分を月見草にたとえますが、なるほどと思います。また先日、素晴らしい記録を歴史に刻み、相撲界を引退した大関・魁皇関。故障を抱え満身創痍《そうい》の中、努力を重ね、何度も角番を乗り越えながらの偉業達成は多くの国民の共感を得ました。これまで強い横綱や大関はたくさんいましたが、周囲を気遣う人間味や言い訳をしないで淡々と振る舞う所作に、相撲という世界を超えた、一人の人間としての生き様の中に強さやかっこよさを感じました。

●種を蒔き、地道な作業が花を咲かす

咲き誇る花にいろいろな美しさがあるように、私たち人間にも人としてのいろいろな良さや特長があり、その良さや特長はお互いがしっかりと認めて評価してやる必要があります。しかし忘れてならないことは、種を蒔き、水や肥やしをやるという地道な作業がなければ花は咲かないということです。

当然人間も、努力なしには人生というステージに花を咲かすことはできません。

しかし、残念ながら、努力もしないのに花は勝手に咲くものだと勘違いし、ただ単に花を咲くのを待ったり、花が咲かないのを他人のせいにする若者が増えてきています。私たちが生きる社会ではいつも順風満帆とはいかず、しばしば逆風が吹いてきます。自分自身

の花を咲かせるためには、まず風に吹き飛ばされぬよう人生という大地にしっかりと根を張り、そこからいろいろなものを吸収したいものです。そう考えると今、目の前にある試練や逆風は花を咲かせるための肥やし。その肥やしをしっかりと吸収することによって、世界に一つだけの花、オンリー・ワンの花が咲くのではないでしょうか。

●個性と我が儘を勘違い

ところで、個性とは何なのか。それは運動や勉強ができる・できないなどの能力的な側面、さらには気質や性格に関わる感情的・意志的側面など、人としての特徴を指すといわれています。

人間は社会の中で周囲の環境に適応しながら生きていかなければなりません。そして適応するには環境に自分を合わせるか、環境を変えていくかしかありません。この適応の仕方は個人によりさまざまで、この個人差こそが個性の本質です。個性は環境に適応していく過程の中で生じるもので、最初から環境に適応しようとしないことは、ただ単なる我が儘であって個性ではありません。世の中には時々、この我が儘を個性だと勘違いしている人がいますが、その間違いはしっかりと指摘してやるべきです。

●個性と社会性の調和

しっかりとした個性を形成していくためには、自分らしさに気づき、自分と他人の違いを認識していくことが必要です。例えば、自分よりも勉強や運動ができる人がたくさんいるという認識をすることがすべてのスタート・ラインであって、そこから、いろいろな物事が始まるのだと思います。そして学校は、この人としての特性である個性を形づくり、それを良い方向に伸ばしてやるという役割を担っています。また、一方で学校は、子どもたちに社会で生きていくために必要な知識や規範意識、すなわち社会性を身につけさせるという役割も担っています。

人として成長していくためには個性と社会性の調和が必要であって、これによって自分の立場や責任を自覚し、大人としての行動がとれるようになっていくのではないでしょうか。

近年、個性という言葉が先走りし、その本当の意味が無視されていく傾向にあります。また、その個性は努力でさらに磨かれていかなければなりません。磨く努力をしないで「自分はもう……だから」と簡単に諦める若者も増えてきました。若者たちに個性とは何なのかということを、しっかりと理解してもらう必要があります。

15 過ちへの誘惑、心のブレーキとしての役割

効果的な道徳教育

●皆、自分が可愛い

「道徳を　どう解くのかと　聞く生徒」

以前、某生命保険会社が実施した川柳コンテストの入選作品にこんな句があったことを記憶しています。本来は「説く」とすべきところを「解く」と置き換え、道徳よりも数学や英語などの教科が重視されている現代の教育を皮肉ったユニークな作品ですが、笑ってばかりはいられません。

「道徳」を机上の辞書でひくと、「社会生活を営む上で一人ひとりが守るべき行為の規

準」とありますす。社会は、一人ひとりが道理をわきまえた徳を備えることで成立していま

す。しかし悲しいことに、この道徳が軽視され、自分さえ良ければ、という行為が至るところで見られます。そしてその延長線上にあるのが、人が人を平気で傷つける犯罪行為の増加という現象ではないでしょうか。

人間は間違いを犯してしまう存在であって、時に自分を過信し、自分勝手な行為や考えを押し通して他人を傷つけてしまうことがあります。さらに皆、自分が可愛く、他人に対する優越感や猜疑心を持ってしまい、これが人を過ちへと誘惑していきます。

そこで大切になってくるのが、間違った方向に進みかけた時に、それをストップさせる心のブレーキ。そしてこの心をつくるのが道徳教育ではないでしょうか。この意味で道徳教育はますます重要となってきていますが、なかなか効果が上がっていないのが現状です。

●「トイレの神様」が道徳教育の教材

小・中学校では道徳教育の時間が設定されています。この時間は学校や教師が創意工夫して授業を行うようになっているようですが、教材の研究が追いつかず、毎週一回、何をどのように教えればよいのかを悩んでいる教師は多いと思いますし、しっかりと道徳教育

をやっているクラスとそうでないクラスと、かなりのバラツキがあるのが現実です。

少し前、植村花菜さんの「トイレの神様」という歌が大ヒットしました。「トイレには神様がいて、トイレ掃除をすればべっぴんになれる」という内容から始まるおばあちゃんと孫娘との心のふれあいは、歌詞そのものが道徳教育の題材となるものでした。

世界の多くのメディアが驚き賞讃した東日本大震災の被災者の冷静な振る舞い。人としてのあり方を崩さなかった行為。狭い避難所の中で肩を寄せ合い不自由な生活に耐える姿。使命感を持って原発の事故現場に向かう関係者の姿。これらはすべて素晴らしい道徳教育の教材です。また、前章で述べましたが、これから自分が被災地のために何ができるかを考えさせることも私たちがなすべき大切な道徳教育だと言えます。

知人の小・中学校教師によれば、道徳教育を行うための教材はまだまだ不足しているようです。このような事例を多く集めた事例集を作るなど、もう少し道徳教育を効果的に行うための環境づくりが必要ではないでしょうか。

●高校公民科「倫理」の必修化を

一方、私が働く高校の教育現場ではさまざまな場面をとおして道徳教育を行うようになっていますが、小・中学校のように、核となる道徳教育の時間はカリキュラム上、存在しません。道徳的な内容を教える教科としては、公民科（従来の社会科は地歴科と公民科に分かれています）に「倫理」があります。しかし、人としての在り方・生き方を学ぶ教科「倫理」は現在、多くの高校で学習されていません。

以前の教育課程では、公民科は現代社会（四単位＝一年間に週四時間の授業）を学習するか、政経（二単位＝一年間に週二時間授業）と倫理（二単位）の二教科を学習することになっていましたので、後者の組み合わせを学習する学校はかなりありました。

しかし現在の教育課程は、現代社会が従来の半分の二単位となり、公民科の授業をこの二単位のみで終わらせることが可能となり、倫理を学習する学校が極端に減っています。今日、このような、混沌とした社会において最も重要な科目は、公民科の倫理ではないかと思います。

近年、「情報」という科目が新設されて必修となり、地歴科においては世界史が必修ですが、若者のモラル低下が叫ばれる今日にあっては、むしろ倫理を必修にして、人としての在り方を考えさせていくべきです。教育課程の再検討が必要ではないでしょうか。

16 沖縄の痛みから学ぶ戦争

命と平和の教育

●生きたくても生きられなかった

「生きたくても、生きられなかった人がたくさんいます。みんなは、どんなに辛いことがあっても死んではいけません。絶対に命を大切にして下さい」

これは沖縄に住むSさんが子どもたちに託しているメッセージです。私は高校公民科の授業の中で、必ず沖縄についての話をするようにしています。そしてその時、この言葉とSさんを頭に思い浮かべながら話をするようにしています。Sさんは元ひめゆり学徒、女学生であった彼女は従軍の補助看護婦として多くの死と直面、自分自身も目の前にある死と向き合う日々を過ごしてきました。

彼女と出会ったのは二十数年前。市役所に勤務していた私はその傍らボランティア活動として、毎年夏休みに多くの小・中学生を船で沖縄に連れて行く地元の「少年の船」事業の運営に関わっていました。少年の船の目的は、集団生活の中で自主性や協調性を養うことと平和学習。日本で唯一、壮烈な地上戦が行われた沖縄でさまざまなプログラムを企画しましたが、その中で核となったのがSさんの戦争体験談を聞くことでした。

●戦争をするための教育を受けた

当初、Sさんにとってこの体験は思い出したくない出来事で、体験談を語ることには戸惑いがあったそうです。しかし、この体験を伝えていくことが若くして命を奪われた仲間たちへの供養であり、自分自身に課せられた使命であることを自覚したと言います。

彼女は病院として使用された暗い壕の中の出来事を「次々と運び込まれてくる負傷兵、薬も包帯もなく、まともな手当を受けられずに、もがき苦しんで死んでいく負傷兵。一日の食事はピンポン球ほどの一個のおにぎり。昼は壕の中で、傷口から湧き出す蛆虫を取ったり汚物の処理など負傷兵のお世話。また家族に代わって遺言を聞くことも。夜は砲弾をかいくぐり壕の外に出ての水汲みでした」と話されます。

また当時の教育について、「軍からの解散命令があり壕から出された後は、生きて辱《はずかし》めを受けてはならないと教わっていましたので、自決の場を求めて、さとうきび畑の中を逃げまどう日々。銃弾を受けて負傷しましたが、アメリカ軍の手厚い看護を受け、命は助かりました。私たちは戦争をするための教育を受け、鬼畜米兵と教わりましたが、私を助けてくれたアメリカ兵は優しく接してくれました。教育は大切、きちんとした教育を受けられるみんなは幸せですよ」と、時には涙を流して訴えかけ、子どもたちは真っ赤な目をして聴き入り、二時間という時があっという間に過ぎていきます。

そして最後に、冒頭のメッセージを微笑みかけながら伝えるSさん。私は彼女の話を何度も聴きましたが、その度に涙がこぼれ、これが本物の「命と平和を大切にするための授業」だということを実感させられました。

●戦争を風化させてはならない

今、沖縄が注目されています。県民の四人に一人が犠牲となったといわれる沖縄戦。アメリカの統治を受け、昭和四十七（一九七二）年に日本に復帰した後も、日本国内にあるアメリカ軍基地の約四分の三が沖縄に集中しているといわれ、多くの住民が苦しんでいます。私は沖縄を訪れていつも感じることは、沖縄の中に基地があるのではなく、基地の中に沖縄があるというイメージです。沖縄の痛みを理解することは、国民としての責任だと思います。

多くの犠牲者を出した戦争から六十数年が経過、私を含め戦争を知らない国民が増え、戦争体験者は少数派です。しかし、私たちはあの戦争を絶対に忘れてはなりません。そして自殺者が増え、人を平気で傷つける事件が多発している今、教育においては、多くの人命を奪ったこの歴史的教訓を、命と平和について考えるための貴重な教材として、活用すべきではないでしょうか。

戦争を風化させてはなりません。私にはSさんの代役は務まりませんが、想いや気持ちを大切にしながら生徒と向き合うことはできます。

先日、ある卒業生が訪ねてきて、「先生が授業中に話した沖縄の話が忘れられません」と高校時代の思い出を語ってくれました。教師となって十八年間、語り続けてきたSさんと沖縄戦の話。教壇に立ち続ける限り、この授業は続けたいと思っています。

17 押し寄せるデジタル化、効率優先ではいけない

時代に迎合しない教育

●日本の教育は時代おくれなのか

「人の心を見つめつづける　時代おくれの男になりたい」

これは河島英五さんの歌「時代おくれ」（作詞・阿久悠）の一節。私はこの歌が大好きで、よく口ずさみます。そしてカラオケで唄う時は、この一節をアレンジして「生徒の心を見つめつづける、時代おくれの教師になりたい」と声を張り上げ、自分自身に教師としての原点を言い聞かせます。ところで日本の教育は時代おくれなのでしょうか。本来、教育は時代おくれであってはならず、時代にしっかりと対応していかなければなりません。

近年、構造改革特区制度の導入や規制改革により学校教育が大きく変わりつつあり、株式会社立やＮＰＯ立の学校設立など、従来は想像もできなかった形の学校が出現するなど、改革の動きが進んでいます。

また、さまざまな分野でデジタル化が進み、テレビのデジタル化、さらには出版業界でも電子書籍が今後普及していくと思われます。そうしたことが私たちの生活を便利にしてくれることは間違いないでしょう。しかし、デジタルデバイド（情報技術を使える人と使えない人との格差）の問題など、解決すべき課題とともに、すべてが合理的に処理されるデジタル化がさまざまな分野で進んでいくことが、本当に良いことなのかどうか不安になってきます。

●デジタルでは対応できない奥深さ

このような中、教育の分野で、教科書の電子化が進められようとしていると聞きました。ジャーナリストの田原総一朗氏は、自著の『デジタル教育は日本を滅ぼす』（ポプラ社）でこのことを危惧。同著の中で、教育の基本はコミュニケーションであると述べていますが、私もそのとおりだと思います。

例えば、小学校の教育においては、教科書の手触りを体験させ、起立してきちんとした姿勢で教科書を読むという行為自体が大切な教育活動です。この教師と子どもたちとのコミュニケーションの中で、人間は知識よりも大切なことを学んできたのではないでしょうか。また、中学校や高校の授業では、教師が生徒に教科書や辞書の重要事項に線を引かせる。そして受験勉強では、その紙を手垢がつくまでめくるという行為の中で、自分自身が学んでいるということを自覚し、自信をつけていくものです。

高校では電子辞書を持つ生徒が増えています。重い辞書を持ち運ばなくてもよく、ポケットに入れられるほどの大きさの中に国語や古語の辞書、英和や和英の辞書など、多くの辞書や用語集の機能が含まれ、これ一つがあればさまざまな用途に用いることができます。ビジネスには大変便利なものだと思いますが、学校現場においては少し違和感を感じます。私の身の周りでは多くの英語教師が、英語の語彙《ごい》の幅広さや知識を深めてもらうためには電子辞書ではダメだということで、紙の辞書を推奨しています。そしてその辞書が手垢で汚れることが努力の成果であり、生徒の自信になると述べています。

●ランドセルの重さで学ぶ、合理的に処理できないのが教育

仮に電子辞書は時代の流れとして百歩譲っても、教科書までが電子化されてよいものでしょうか。何より、子どもたちはランドセルや鞄の中に教科書を入れての通学、その肩にかかる重さの中で、さまざまなことを学んでいくもの。これを経済的な側面や利便性という観点から推し量ることはできません。

デジタル化は確実に人と人とのふれあい、コミュニケーションを奪っていきます。そして教育は子どもを大人へと成長させていく鍛錬の場であり、合理的に処理してはいけない場面が多くあります。確かに改革は必要で、現状に歪みがあれば是正しなければなりませんが、効率や経済優先で教育が有する不易の根幹まで変えられては困ります。

教育は機械相手の仕事ではなく、人間が人間を育てていくという崇高な営みであり、そこでは時間と根気が欠かせません。そして教育は時代を創り出していくものであって、時代に呑み込まれてはなりません。こう考えると、教育は時代に適応しなければなりませんが、時代に迎合しすぎて大切な部分をなくしてはなりません。教育はすべてを時に流されるのではなく、仮に「時代おくれ」と揶揄されてもその根幹は守っていくべきです。

教科書のデジタル化は日本の教育に本当に有益なのかどうか、慎重な対応が必要だと思います。

18

働き蜂からニートへ、低下する勤労意欲
キャリア教育とは

●働くことは人としての根源

東日本大震災により、漁業従事者は船を、そしてたくさんの工場や作業場が津波に呑み込まれ、多くの方々が働く場を無くし、働きたくても働けない状況にあります。

働くという営みは生活の糧を得る場であるとともに社会との接点でもあり、私たちは働くことにより社会の一員であることを自覚することになります。この意味で「働く」ということは人間として生きていくための根源だと言えます。

最近、「キャリア教育」が注目されています。あまり耳にしなかった言葉ですが、簡単に

言うと、「子どもたち一人ひとりに勤労観や職業観を身につけさせ、主体的に進路を選択する能力・態度を育てる教育」ということになります。

日本では物質的な豊かさの中で、「勤労」という大切な価値観を喪失しようとしています。少し前、フリーターと呼ばれる若者が話題となりましたが、今日ではさらに進んで、フリーターにもなろうとしないニートと呼ばれる若者が増加しています。

かつて中学校の三年間を卒業した若者の多くが、「金の卵」ともてはやされ、都会へと集団就職をし、高度経済成長を支える原動力となっていきました。当時、日本国民の勤労と勤勉、我慢強さは国際的に評判となり、「ウサギ小屋に住む働き蜂」とまで称されました。そして今、「働き蜂」と称された世代の子どもや孫たちの勤労意欲の低下が社会問題化しているのですから皮肉なものです。

●大人になったら働かなければならない

「大人になったら、きちんと働かなければならない」。私たちは幼い頃から、日々の生活の中でこの価値観を培っていました。しかし、その当たり前の価値観を持たないで子どもたちが大人へと成長していくという困った状況が発生しています。この困った状況がなぜ、いつ頃から発生するようになったのでしょうか。戦後、親たちは、「貧しさから逃れ、家族や子どもたちに満足な生活をさせてやりたい」との想いで必死に働いてきたはずです。そんな気持ちを多くの国民が共有し、明日への希望を持ちながら精一杯頑張り抜いた時代は、そんなに昔のことではありません。

物質的な豊かさを手にして、ほっとした瞬間、愛する子どもや孫たちが豊かさという海の中で溺れている。かつての親たちにすれば、大切な何かをどこかに置き忘れてきた心境でしょうか。豊かさとは本当に恐いものです。

憲法二十七条に「すべて国民は、勤労の権利を有し、義務を負う」という規定があります。フリーターやニートにはさまざまなタイプや要因があり、一概に怠け者だと言えない側面があります。また若者には若者の論理があるかもしれませんが、働くことは国民の義務であり、そして労働には喜びがあり、労働によって社会が成り立っていることを子どもたちに認識してもらう必要があります。それが「キャリア教育」だろうと思います。

●家庭、学校、社会の連携の中で

このように「キャリア教育」は、かつては社会の中で自然に身につけていた価値観を、教育活動の中で身につけさせようとするのですから、そう簡単な話ではありません。現在、働くことの喜びを体験させようと職場体験をさせる取り組みが多くの中学校等で行われています。これは子どもたちにとって貴重な体験となり、「キャリア教育」における重要なステップだといえます。しかし、これだけでは不十分ですし、そもそも学校教育だけでこの問題を解決していくことはできません。

これは、子どもたちだけの問題というよりも、今の若者を育ててきた、さらにはこのような社会を築いてきた、大人の問題でもあるのではないでしょうか。

教育の原点は家庭の躾にあり、その躾に社会性を持たせ、責任や義務感へと育てるのが学校の役割です。そして最終的にその人物を受け入れるのは社会であって、その社会の中で汗を流して働くということは、人間として最も大切な営みであるはずです。この営みに歪みが生じようとしている今、最も大切なことはこの問題の深刻さを、家庭・学校・社会のみんなでしっかりと共有すること。問題解決のための特効薬はありませんので、時間と労力をしっかりとかけて対応していかなければなりません。

大切なことは、それぞれの場で何ができるか、何をなすべきかをしっかりと考え、協力体制を築いた上で政策を実施していくこと。そのための環境整備が求められています。

19

違いを認め合う、その根幹は異文化理解

国際化教育の本質

●ヨーロッパに見る国際化の難しさ

先日、ノルウェーで若者が銃を乱射し多くの犠牲者が発生、背景には移民の受け入れ政策への不満がある、と報じられていました。移民に寛容な政策をとってきたヨーロッパにおいてこのことは大きな社会問題となっています。日本でも国際化は重要で緊急なテーマですが、そこでは多くの課題を抱えています。

国際化とは何なのか、それに向けて何をすべきなのか、ということを、私も自分なりに必死に考えた時がありました。市役所勤務時代、地域の国際化問題に直面。当時はバブル

経済真っ盛りの頃で、市内に日系ブラジル人が住むようになり、市民との間に生活上のトラブルが発生。住民からは外国人の生活マナーを注意してくれという苦情、一方外国人からは日本人はどうして親切にしてくれないのかという要望が相次ぎました。

その当時、多くの自治体では国際化に対処する部署はなく、行橋市でも私が所属する広報係が急遽、この問題に対応する部署となり、私がその担当者になりました。

この背景には平成元（一九八九）年に出入国管理法が改正され、日系外国人の単純労働が許可されたということがありました。当時は好景気の影響もあって大幅な人手不足。日本全国で日系外国人が急増し、特に自動車関連の中小企業がある地方自治体がその対応に追われることになったのです。私はさまざまな研修会に出向き、地域の国際化対策のためには何が大切か、ということについて勉強させてもらいました。そしてそこで、いつも考えさせられたのが異文化理解を進めていくことでした。

●他の文化を認めていくことが大切

確かに、自国や民族の文化に誇りを持ち、それを守り抜いていくことは大切なことです。しかし一方で、自分を取り巻く文化のみを正当化して他を排斥していく自民族中心主義から脱却して、他の文化の価値を認めていく文化相対主義への方向性を目指すことも忘れてはなりません。

そもそも、生活習慣や文化が異なる外国人が日本に入ってくるのだから摩擦が起きるのは当然のことで、その摩擦をどう解決していくかが重要となってきます。基本的には外国人には「郷に入らば郷に従う」ための努力をしてもらわなければなりません。しかし、一方でトラブルを防ぐためには、私たちも外国の異なった文化や生活習慣を知り、相手を理解しようとする努力をしなければなりません。

このような中、当時の行橋市では国際交流員を招き、市民に異文化を理解してもらうための事業に着手。その交流員として招かれたのが日系アメリカ人女性のカスミ・ヤマシタさんで、私は彼女と二人三脚で国際化に向けての小さな一歩を踏み出しました。まずは市内の幼稚園、小学校、中学校、老人会や婦人会の集まりなどに積極的に顔を出し、私が市の現状や国際化のためには何が大切かを、彼女が外国人の視点から見た日本の不思議な点など、「世の中にはいろいろな考え方があり、それを認め合うことが国際化ですよ」と異文化理解のための話をして回りました。当時、国際交流員を招くことは税金のムダ使いだと批判を受けることもありましたが、今日の行橋市においては市をあげてニューヨークの学校と交流事業を進めるなど、カスミさんが蒔いた種は確実に根を張っているようです。

●英語＝国際化ではない

現在、外国人労働者に対する政府の基本方針は、専門的・技術的分野の外国人労働者は受け入れながら、いわゆる単純労働者の受け入れは慎重に対応するという方向性です。

このところ高学歴化が進み、大学生の就職難が問題となっていますが、その一方で現場の労働者が不足するというミス・マッチ失業が生じています。さらに、農業の後継者不足は深刻で、田畑で働いているのは高齢者ばかり。また「ジャパン・シンドローム」とまで称される少子高齢化問題が今後の労働者不足に拍車をかけそうです。

この現状を考えると近い将来、外国人に本格的に働いてもらわなければならない時代がやって来るのではないか。その時、日本社会がどう対応していくのかが心配です。

最近、小学校から英語を学ぶようになり、これは国際化に向けての大切な一歩だと思います。しかし英語を学ぶことはあくまでもその手段であり、英語＝国際化ではありません。最も大切なことは、異文化理解をどのように進めていくかということです。このことに主眼を置いた国際化教育が求められているのです。

20

司法の大改革、学校の果たすべき役割

裁判員制度に対応する教育

●画期的だが市民の協力が不可欠

裁判員制度がスタートし、司法制度が大きく様変わりしました。現在、全国各地の地方裁判所で裁判員裁判が行われ、一般の市民が死刑判決に関わることの問題点などが、マスメディアで報じられています。

これまで専門の裁判官に任せられてきた裁判制度。三権の中でも特に疎遠であった司法の場に市民が関わることになるという画期的な制度改革ですが、一方で市民の協力がしっかりと得られ、その良識が反映される裁判ができるのかという不安も募ります。

私は、まだ裁判員裁判を傍聴する機会はありませんが、裁判は何度か傍聴したことがあります。その中で特に印象に残るのが、数年前に傍聴した傷害致死事件。さまざまな偶然が重なり、昨日までは良き夫であり父親であった一人の男性が、愛する妻を殴って死亡させてしまった事件でした。

さまざまな証言からその時の状況が再現され、検察や弁護人からの質問に力なく答える被告人と傍聴席から心配そうに見守る家族。もし私が裁判員だったらどのような判決を下すのだろうか。人を殺してしまったという責任の重さと残された幼い子どもたちのためにはどうすべきなのか。また彼はこの罪を償いながら、幼い子どもたちをどうやって育てていくのかなど、いろいろな思いが交錯し、さまざまな情景が頭に浮かんできました。

●人権教育、法教育は極めて重要

裁判員の責任は極めて重く、私たちは市民としてその義務を果たしていかなければなりません。市民感覚での判断は重要ですが、人権意識に欠ける裁判員が法廷に関わることは被告人にとって最も不幸で、冤罪を生む温床にもなりかねません。

そこで今後の対応として必要となってくるのが、人権意識や憲法の理念など、裁判員になるための素養を備えさせるための人権教育や法教育などを学校教育の中に取り入れていくなど、新しい社会システムを再構築していくことです。しかし、この制度を具体的に推進していく法務行政と裁判員としての素養を身につけさせる教育を担当する文部行政との間で十分な連携がとれていない気がします。

私は現在、高校の公民科の教諭として日々生徒と接していますが、裁判員制度の導入に当たっては高校教育の役割、特に人権や憲法の理念を学ぶ教科である公民科（科目としては現代社会、政経、倫理）の役割はますます重要になってくると思います。

しかし、道徳教育の項で述べたように、かつては現代社会（四単位）または政経（二単位）と倫理（二単位）の二科目を学んでいましたが、現在では現代社会（二単位）だけで済ます学校が多くなり、公民科の授業時数は、かつての半分となって十分な内容が教えられない状況です。これでは生徒たちが憲法の理念、司法権の意義や自由・権利などについての知識が不十分なまま、社会へと巣立ち、裁判員を務めることになっていきます。

●法教育のための時数確保を

一般市民が人を裁くという大改革を行った司法の現場。今後この制度をしっかりと定着させていくために重要なのが、学校での人権教育や法教育の充実だと思います。

しかし、教育現場ではその流れや社会制度に対応ができておらず、むしろそれと逆行したカリキュラムの編成となっています。最近、新学習指導要領に法教育の大切さが盛り込まれるなど、法教育を行う機運は盛り上がりつつありますが、法や人権教育のために費やせる時間は物理的に限られており、授業の工夫だけでは限界があります。

本来、裁判員制度を日本社会にしっかりと定着させていくためには、法や社会規範、人権や司法制度のあり方などについて本格的に学ばせるために、「法と社会」というような教科を新設していくくらいの大胆な発想が必要だと思います。しかし、それができないのであれば、社会の一員としての規範意識や倫理観、自由や権利の概念について学ぶ教科である公民科の授業時数をしっかりと確保していく必要があるのではないでしょうか。

司法の大改革という時代の流れに教育行政はどうやって対応していくのか。そのための準備が不足したまま、裁判員制度がスタートした気がしてなりません。教育は社会の制度やシステムを定着させていくための最も重要な場だと言えます。司法の大改革という意義をしっかりと踏まえたカリキュラム編成を行うことが必要です。

21 なでしこジャパンに見た、男らしさ・女らしさ

男女共同参画社会とは

●被災地に勇気を与えた「大和撫子」

女子サッカーW杯、なでしこジャパンの活躍に感動しました。予選リーグを突破し、決勝トーナメントで強豪のドイツやスウェーデンを破って決勝に進出、これまで勝ったことのない世界ランキング一位のアメリカに勝利しました。

私も決勝戦当日は目覚ましをかけ、早朝三時半から娘と二人でテレビ観戦。アメリカの猛攻に必死に耐える選手たち、後半に先制点を奪われ、多くの国民が勝利を諦めかけた時に同点。延長でも先に得点を奪われ、終了間際に奇跡とも思われる再びの同点ゴール。P

K戦で勝利し、表彰台で金メダルを受け取る選手たちを見ていると涙がこぼれ落ちてきました。

この勝利は東日本大震災の被災地にも大きな勇気を与えるとともに、日本中に諦めないことの大切さを教えてくれました。よく私たち教師は生徒たちに諦めないことの大切さについて話をしますが、そのたとえとして語り継がれる出来事だと思います。

ところで、なでしこジャパンの代名詞となった「大和撫子」とはどのような女性を指すのでしょうか。手元の辞書によれば、「日本女性の清らかさ、美しさをたたえていう語」とあります。

●ジェンダー・フリーと男らしさ・女らしさ

近年、ジェンダー・フリーという言葉がよく使用され、男女平等社会実現のための象徴的な言葉として重要視される一方、社会的性別に対して誤解と混乱が生じる恐れがあるという観点も提示され、賛否両論の議論がなされています。平成十七（二〇〇五）年の十二月に閣議決定された第二次男女共同参画基本計画には「ジェンダー・フリーという用語を使用して、性差を否定したり、男らしさ、女らしさや男女の区別をなくして人間の中性化を目指すこと、また、家族やひな祭り等の伝統文化を否定することは、国民が求める男女共同参画社会とは異なる」と記されています。

また、内閣府男女共同参画局は平成十八（二〇〇六）年一月に、地方公共団体において「ジェンダー・フリー」については、今後この用語を使用しないことが適切との考えを示しています。ジェンダー・フリーという言葉をどう捉えるのかについてはさまざまな意見があると思いますが、大切なことは、女性に対する不合理な差別をなくして男女平等な社会参加を実現していくことであって、必要以上に男らしさ・女らしさという男女の区別をなくしていく方向に進むことは現実的ではないと考えます。

確かにこれまで、男らしさ・女らしさという言葉が、男性にとって社会的優位な状況を作り出し、固定化された男女の関係を築いてきたことは否定できません。この意味で当初、ジェンダー・フリーは、この間違った状況を打破するための象徴的な言葉として、大きな意味があったと思います。しかし、この言葉が独り歩きし、これに呼応して学校などでのジェンダー・フリー教育のあり方においても、さまざまな意見が提起されてきました。

●男も女も誇りを持てる共同参画社会

当然のことですが、就職や家庭生活など女性がさまざまな場面で差別を受けることがあってはなりませんし、「男は仕事、女は家庭」といったような、間違った価値観はなくしていかなければなりません。しかし、男女に本質的に備わる特徴である、男らしさや女らしさという価値観は大切にしていかなければならないと思います。

今回、なでしこジャパンの活躍は、これまで男性の視点だけで捉えがちであったサッカー競技が女性の競技でもあることを改めて認識させてくれました。そして何よりも日本人として誇らしかったのは、清楚な美しさを象徴する大和撫子という日本女性のあるべき姿をチームのキャッチフレーズとして掲げ、その誇りをもって闘ったことです。次のロンドン五輪においても、きめ細やかな動きなど、女性ならではのサッカーで私たちを魅了してくれることだろうと思います。

これまで、「女は女らしく」という掛け声の下で、さまざまな場面で社会参加を拒まれてきた女性たち。この間違った価値観を排しながらも、男は男らしさ、女は女らしさということに誇りを持ちながらの男女共同参画社会の実現。日本女性としての誇りをもって世界を制覇したなでしこジャパンの活躍をその契機としていきたいものです。

私が担任として最初に卒業に関わった３年５組（平成10年３月）。このクラスでは人間として「正直」でありたいと生徒に言い続けてきました。

教師として最もやりがいを感じるのはクラス担任をする時。担任は生徒と全人格的に関わっていく

第3章

がんばろう教師たち

ことが要求され、クラス内でのさまざまな問題と向き合うことにより、教師として成長していきます。その意味で生徒は〝教師にとっての先生〟ではないかと思います

（「26 生徒から学び、教師は成長していく」参照）。

人が人を教える教育という活動には大きなエネルギーが必要で、専門職として体を張ってその職責を果たさなければならないのが教師だと言えます。

この子を何とかしてやろうという情熱を持って目の前にいる子どもたちと必死に向き合う。この教師の情熱に応える形で、子どもたちが少しずつ変化していき、その過程の中に教師としての喜びがあり、感動があります。

教師に最も必要なのが教育に対する情熱。これを失えば、教師としての喜びや感動とは出合えませんし、もはや教師とは言えない存在になってしまいます。

教育に対する情熱を失った教師に教えられる生徒は、本当にかわいそうなものです。

しかし、一方で教育現場において、保護者の対応などさまざまな壁にぶつかり、それを克服できずに情熱を失い、疲れ果てる教師も増えてきました。この問題は今後ますます深刻になっていくのではと危惧されます。

ところで、理想の教師とはいかにあるべきか。

これに関しては多くの本が出版され、それぞれ理想の教師論が述べられていますが、教師としての力量をつけるための近道はありません。こうありたいと願い、必死に努力し苦しむ、日々の教育活動の中で、教師としての力量は自然と培われていくものです。

そして、苦しむ教師を支えるのが仲間の教師。一人の教師が持つ力は偉大ではありますが、完全ではありません。さらにさまざまな場面で教師間の連携が必要となってくるのが教育活動だとも言えます。そのことに気づき、同僚の教師としっかりとした人間関係を築いていくことも忘れてはなりません。

教育の大切さが叫ばれる現代社会にあって、最も重要な役割を果たさなければならないのが教師。

教師によって生徒が変わり、学校が変わっていく。学校教育は教師がすべてであると言っても過言ではありません。教師が頑張ることが、教育の復興、さらには日本が復興していくための鍵となります。

「がんばろう、教師たち」、教育現場における教師の役割、教師として何が大切なのかについて考えてみました。

22 真の教育は信頼関係の構築から

教師と生徒のあり方

●教師と生徒は友達ではない

先日、高校時代の同窓会が開かれ、旧友たちとの再会を楽しみました。卒業以来の再会も多く、おじさん・おばさんになったことを嘆きながら、懐かしい思い出話に花を咲かせました。「よく叱られていたお前が教師になるとは……」と冷やかされながら、「学校教育は大変だろうな、お前らしく頑張れよ」と旧友に肩を叩かれました。

ところで、職場やさまざまな社会集団がうまく機能するために最も大切なのは、その組織を構成する人々との信頼関係です。社会人としての成否は、組織の中でこれを築けるか否かが大きなポイントになりますし、これがなければギスギスした組織になり、ここ一番の踏ん張りがきかない脆いものとなります。

教育現場においても、当然のことながら信頼関係は最も重要なキーワードになってきます。教師と生徒の間に信頼関係がなければ真の教育は成立しませんし、教師は生徒との信頼関係構築に全力を傾けなければなりません。

これに関し最近私が気になることは、生徒が全くの友達感覚で教師と接し、教師に対し決して遣うべきでない言葉を平気で遣っている場面をよく見かけることです。

生徒と教師が胸襟《きょうきん》を開き親近感を持って接することは大切なことですが、そこには最低限のルールが存在します。何が最低限かと問われれば、いろいろ意見があるかと思いますが、少なくとも教師と生徒は友達ではないということです。

●教師らしくない金八先生への憧れ

確かに、挨拶や言葉遣いは些細なことであって、あまり目くじらを立てるべきではなく、それは家庭の躾の問題だという意見もあるでしょう。しかし、挨拶や言葉遣いは人間関係の基本であって、もし家庭でできなければ学校でしっかりと指導すべきだと思います。

かつては、教師は厳しいのが当たり前で、怖い存在でもありました。しかしその後、金八先生などのテレビドラマで教師が生徒と友達感覚で接し、その気持ちを理解しようとする型破りの教師像がクローズアップされました。その結果、教師らしくない金八先生の姿こそが教師の理想像となり、その姿に憧れた若者が教師を目指しました。現在ではドラマのように友達感覚で教師が生徒と気軽に接する光景が至るところで見られるようになり、厳しい姿勢で生徒を指導する教師の方が少数派になってしまいましたが、この状況は何か違っているのではないかと思います。

基本的には生徒が教師に気軽に接することは良いことだと思いますが、度を超すとこれが教師と生徒の関係なのだろうかと心配になってきます。また百歩譲って、その接し方がドラマのように真の信頼関係から生じている光景であるなら、言葉の問題などは大したことではないと思います。

しかし、この背景にあるのは、生徒が教師という存在を軽くとらえて、友達感覚で接しているという現実です。さらに友達感覚での接し方を容認するなど、安易に生徒に迎合することによって信頼関係が築けていると錯覚している教師が増えてきたのではないかと危惧しています。

●時には壁となり、信頼される存在に

教師と生徒との信頼関係とは、生徒に迎合したり、生徒を甘やかすことではありません。時には生徒の前に大きな壁となって立ちはだかり、厳しい姿勢で真実や正義とは何かを教えるのが教師の使命。教師としての職責をしっかりと自覚し、生徒に友達としての親近感ではなく、教師としての信頼感を持たせる必要性があります。

では、どうすれば教師として信頼関係を築いていくことができるのか。当然のことですが、それは簡単なことではなく、特効薬もありません。時間をかけ、心を込めて教師として生徒と必死に向き合う生き様や悩み苦しむ日々の葛藤の先に、信頼関係はぼんやりと見えてくるのではないでしょうか。

現在、東日本大震災の被災地において、学校教育は大変な困難を強いられ、教師たちは生徒と必死に向き合っていることだと思います。多くの不便があり大変な日々だと思いますが、その困難を通して、教師と子どもたちとの間に固い絆が結ばれ、素晴らしい信頼関係が築かれていくのではないでしょうか。

23 子どもたちに夢や希望、勇気を与える

教師としての使命

●あなたはダメな子ではありません

私は子ども時代、何をやっても不器用で、勉強もできず、劣等感のかたまりでした。この私の心に「あなたはダメな子ではありません。やればできる子です」というメッセージをくれたのは、小学校四年時の担任の先生でした。そのメッセージは特別な言葉ではなく、先生が私と接する日々の生活の中にその思いが込められていました。

子どもは、表面的な形だけのものなのか、本気で思ってくれているのかを敏感に感じ取っていくものです。私はその先生との出会いから何かが変わり、それ以降、少しずつ自

分に自信が持てるようになっていきました。また私は、社会科（現在、従来の高校の社会科は公民科と地歴科に分かれています）を教える教師となりましたが、なぜ社会科の教師になったのかと問われれば、それは最初に好きになった教科が社会科だったという簡単な理由です。私を社会科好きにしてくれた中学校時代の先生にも感謝しています。

「この先生に出会ったから今の自分があります」

私と同様に、このような教師との思い出を持つ人は多いと思います。子ども時代にどんな教師と出会うのかは、子どもたちにとってはとても大きな問題。そして子どもたちは、教師のほんの小さな対応が大きなきっかけとなり、成長していくものです。

●子どもの小さな成長に喜び

例えば、勉強が分からない生徒を指導する場合、教師の指導で生徒が「本当に自分はダメだ」とやる気を失うか、「やればできる」と頑張っていくきっかけとなるのかは大きな違いです。子どもたちは、教師の行動一つで勇気と希望を持つことができます。

このように教師という職業の素晴らしさは、日頃、日が当たらない子どもたちに光を当ててやること。すなわち勇気と希望を与えてやることができるということではないでしょうか。

子どもに何を伝え、どんな価値観を植え付けていくのか。それぞれの教科で分かりやすい授業をして生徒にしっかりとした知識を与えることは当然のことですが、それは教師としての活動のほんの一部であって、教師としての仕事は本当に奥が深いものです。

しかし、私自身、日々の忙しさの中で、教師としてのあり方、教師としての喜びを忘れてしまうことがよくあります。そして、それを呼び戻してくれるのが仲間の教師たち。毎日、朝早くから夜遅くまで、土・日も返上で生徒と向き合っている同僚教師の姿を見ていると、大切なことに気づかされます。

先日、「毎日、疲れるね。教師は大変だ」との私の愚痴に、ある同僚教師は「クラスの中で遅刻や欠席が少なくなる。周囲に配慮ができなかった生徒ができるようになるなど、生徒の毎日の小さな成長に喜びを見いだすようにしています」と応えてくれました。

●目の前の子どもと必死に向き合う

本来子どもは、周囲を気にしないで自分勝手に振る舞うもの。むしろ、それが子どもらしさなのかもしれません。そして、大人になるまでにそれを直してやるのが教育の役割。

まずその役割を担わなければならないのは家庭教育であり、家庭教育がダメなら幼稚園・保育所、それがダメなら小学校、それでもダメなら中学校、まだダメなら高校で直してやらなければなりません。

この子を人間として成長させよう、この子の長所を伸ばしてやろうと、情熱と真心をもって目の前の子どもと必死に向き合う。その忙しさ、大変さの中にこそ教師としての喜びがあります。同僚教師の頑張る姿やたわいもない会話が、教師としての使命を再認識させてくれることがあります。

教師という仕事は時に孤独となり、自分では解決できない壁にぶつかるものです。そしてその時に頼りになるのが同僚教師。自分の周囲には多くの仲間がいて、自分にはない技術やエネルギーを持っているということに気づき、その技術やエネルギーを少し借りることで、多くのことが解決できるものです。

一人の教師が持つ力は偉大ですが、完全ではありません。自分自身の教育に自信を持つことも大切ですが、時には周囲を見渡して謙虚に自分を見つめることも大切です。この意味で教師間の人間関係づくりは教育現場において不可欠なものだと言えます。

24

教師として「正義」という王道を歩きたい

検察の不正を教訓に

●正義を貫く最後の砦での不正

今日も、多くの犯罪行為が新聞の社会面で報じられています。中でも大阪地検特捜部の現職検察官が証拠隠滅罪で起訴され、有罪となったことには大きな衝撃を受けました。

司法という場は、国民にとって正義か不正義かを判断してもらうための最後のよりどころ。その最前線で正義を貫かなければならないのが検察官であり、特にこれまで巨悪を眠らせないという方針で正義を守る砦であった特捜部の検察官までが正義に背く行為をしてしまったという信じがたい出来事でした。最高責任者である検事総長の辞任にまで波及した大事件は、これまでに築いてきた検察への信頼を大きく揺るがせました。

この事件に関しては、取り調べの可視化など改革の必要性とともに検察庁への批判が相次いでいますが、最も衝撃を受けたのは、検察の責任を深く自覚し、正義を貫こうと検察内部で必死に働いている方々ではないかと思います。

今回の事件は対岸の火事ではありません。教育界に関わる事件も時折メディアで報道されますが、その度に私自身も肩身が狭い思いをしています。教育現場においても今回の事件を教訓としなければなりません。

●住所録のない卒業アルバム

ところで最近、世の中では「オレオレ詐欺」に代表されるように、お年寄りなど社会的弱者からお金をだまし取るような卑劣な犯罪が蔓延《はびこ》っています。数年前、近くであった犯罪は、息子を装い電話で「声がかれている。女性を妊娠させたので、示談金を支払わなければならない」という話を信じこませ、指定口座に金銭を振り込ませる手口でした。

電話番号をどう調べたかは特定できませんが、当時の卒業アルバムの住所録が悪用された可能性があります。住所録は卒業生同士が互いに連絡を取り合うための絆としての役割を果たす大切なものです。しかし現在、多くの学校の卒業アルバムには個人情報保護のため住所録がありません。私自身、これまで何度も担任や学年主任として卒業生を送り出しましたが、住所録のない卒業アルバムは、やはり寂しいものです。このように卑劣な犯罪という現実の前に、生徒たちの想い出となる卒業アルバムに住所録が掲載できないという悲しい状況に至っているのです。

最近、さまざまな場面で、「もしや」に備えての対応が優先される傾向にあり、さまざまな局面で事なかれ主義となり、消極的に対応していく場面が増えています。まさに不正義を前に正義が犠牲となっています。

このようなおかしな世の中を正し、正義を実現していくために、警察や検察などの捜査当局は、卑劣な犯罪に対して毅然とした姿勢で立ち向かってほしいものです。そしてこのような社会的弱者を守る活動こそが捜査当局の信頼回復につながるのではないでしょうか。

●教育は正義を教える場

ところで、警察や検察が正義を実現する場であるならば、教育は何が正義であるかを子どもたちにしっかりと教える場。社会を生きる人間としての正義とは何なのか、ということをしっかりと教えていく責任があり、教育現場においても不正義が絶対にまかり通ってはいけません。

従って教育に関わるものは、不正義からの誘惑があっても頑固に正義を貫き通すことが求められます。そのためには、まず何が正義かということを常に意識し、行動することが欠かせません。

そして仮に「これくらいは、大丈夫かも……」と正義の概念が不明確になった時は、自分自身の胸に冷静に問いかけることが必要です。おそらくその時の判断規準は、自分が教えている子どもたちや自分の家族に胸を張ってその正当性を説明できるかどうかであり、もし説明できないのであれば、それは不正義だと思います。

教師たる者、自己と葛藤しながらもさまざまな場面において愚直に正義を貫き通していくことが、子どもたちに対する最大の教育です。教師として実践すべきその愚直さを、〝融通が利かない〟と、たとえ世間が揶揄しても、それは教師としての勲章であり誇りだと言えます。検察官同様、教師も誘惑や圧力に屈することなく、子どもたちの師として正義という王道を歩いていきたいものです。

25

教師としての力量が問われる時代

〝誰が〟がポイント

●正論でも生徒が聞かなければ

学校教育の役割は子どもたちを大人へと成長させること。しかし大人への道は人それぞれ異なり、平坦ではありません。道に迷いかけたり、進むことに疑問を持ち、親や教師の存在を煙たく感じるのが子どもたち。馬耳東風という諺のように、教師がいくら正論を述べても子どもたちが聞かなければ何もなりません。

教育現場では、何を言うかは重要ですが、「誰」が言うかも大切になってきます。そして、「誰」のポイントになってくるのが教師としての力量ということになります。

それでは教師のあるべき理想の姿とは、どのようなものか。

これについてはさまざまな視点があり、いろいろな形で議論され、書店には多くの書物が並んでいます。また、平成二十一（二〇〇九）年十月二十六日、中央教育審議会は「新しい時代の義務教育を創造する」という答申の「あるべき教師像の明示」という項目の中で、「教育の成否は教師にかかっていると言っても過言ではない。優れた教師の条件にはさまざまな要素があるが、大きく集約すると次の三つの要素が重要である」とした上で、「教職に対する強い情熱」、「教育の専門家としての確かな力量」、「総合的な人間力」の三つを掲げています。

●理想の教師に向けての努力

この三つを私なりに整理してみると、教師はまず、仕事に対して強い使命感や責任感を発揮し、教師であることに誇りを持たなければなりません。そして生徒にとって〝分かる〟授業を行い、さまざまな場面でしっかりとした生徒指導力を発揮することが求められます。さらに豊かな人間性や社会性、コミュニケーション能力などの人格的素質を備えることが求められています。そこではすなわち、教職の専門的知識だけではなく、人としての器量や生き様、人生経験なども重要な要素となってくるのです。

教師は、教室の中で子どもにとって分かりやすい良い授業をする。その当たり前のことだけではなく、さまざまな問題への対応が要求されるようになりました。各学校では、急激に増えてきている学校になじめない子どもや家庭での基本的生活習慣が確立していない子どもたちへの対応、さらには保護者や地域からの多様な意見への対応など、早朝から夜遅くまで子どもや保護者と必死に向き合わなければなりません。このような環境にあって、まさに教師には答申が示すような素養が求められるようになってきました。

三つの素養を備えた理想の教師。私自身は必要な素養を備えた立派な教師ではありませんし、そんな立派な教師とはあまり出会ったこともありません。また教師は聖人君子ではありませんし、人間として完璧でもありません。

大切なことは、自らが教師としての理想像を描き、その素養を備えようと、日々目標に向かって努力しようとすることであり、そこに教師としての所以《ゆえん》があります。これこそが教師としての生命線で、努力しようとしない教師は子どもからも周りの教師からも信頼されない、いわゆるダメ教師になっていくのかもしれません。

●胃が痛む毎日の中で力量がつく

しかし悲しいことに、子どものことを思い、必死に努力しても理想どおりにいかないのが人を教えるという職業の難しいところ。子どもたちが入学し卒業するまで、学習や進路指導、生活指導と教師も生徒とともに悩み苦しむ。「こんなはずではなかった」、「この気持ちをどうやって子どもに伝えよう」、「俺は教師に向いているのか」――こんなことを思い、時に声を荒げ、懸命に子どもたちと向き合う中で胃がキリキリと痛む。このような日々の中で、知らず知らずに教師としての力量がついていくのではないでしょうか。教師としての力量をつけるための近道はなく、大切なことは、こうありたいと願い、必死に努力していくことではないかと思います。

私も力量不足で、多くの不安や悩みを抱えています。しかし冷静に考えれば、私の不安や悩みは、世の中全体から見れば取るに足らない小さなもの。被災地で大変な生活を強いられている方々の苦労を思えば、特にそうなのかもしれません。

教師として前を向いて、勇気を持って、しっかりと歩いていきたいものです。

26

生徒から学び、教師は成長していく

教師の先生は生徒

●生徒から教えられることが多い

生徒に教えることが教師の仕事ですが、逆に生徒から教えられることも多々あります。数年前に卒業したS君も大切なことを教えてくれた一人です。

S君は高校に入学して学校生活に慣れてきた五月、突然病魔に襲われました。当時の学年主任であった私は、何もできずに、ただ見守ることしかできませんでした。彼は急性白血病の告知を受け、病と闘うことを決意。毛髪が抜ける辛い治療が始まりますが、何が何でも病気を治すという強い意思と家族の愛情に支えられて治療に耐えていきます。彼は約六カ月の闘病生活で病を克服、学校に戻ってきました。

しかし出席日数の関係で留年、再び一年生の最初から学び直さなければならないという現実と向き合うこととなります。新しい人間関係づくりと病気再発の恐怖と闘いながらの学校生活が始まり、何事にも手を抜かず、遅くまで学校に残りコツコツと勉強。三年生になり受験勉強も克服し、目標であった難関大学に見事、合格しました。

さらに彼は成績優秀で、卒業式では総代として卒業証書を授与されました。この瞬間は、感慨深く、式終了後、彼と交わした握手には力がこもりました。病、そして自分自身と闘い続けた高校四年間、何事にも音を上げず素晴しい花を咲かせた彼とご両親の頑張りに心からの拍手を送らさせていただきました。

●日陰の選手の方が人間的に成長

また、私が最初に勤務した小倉東高等学校は当時、野球部が強く、甲子園での春の選抜大会に二度出場しました。このような強豪チームにおいては、最後の夏の大会であってもベンチに入れない三年生がいます。この中で、多くの時をブルペン・キャッチャーとして過ごし、最後の公式戦はスタンドから応援した生徒がいました。また、ランナー・コーチや伝令の役に徹し、「僕はコーチとして的確な判断をしてチームに貢献したい」と私に誓った生徒もいました。

同級生が脚光を浴びるグラウンドでプレーしている中で、どんなに悔しかったことか。しかし嫌な場面から逃げずにその悔しさを糧として、その中で自分は何をなすべきかを考え、自分の存在価値を高めていくことの素晴らしさ。彼らは中学校時代は中心選手としてグラウンドの中で輝く存在でしたが、高校では日陰の存在となりました。

人間、チヤホヤされる場面もありますが、それはほんの一瞬。人生ではチヤホヤされなくなった時に、どうやって自分の居場所を見つけていくのかが大切になってきます。こう考えると、レギュラー選手よりも、彼らの方が大切なことを学んだのかも知れません。私はレギュラー選手としてプレーした生徒よりも、このような逆境に耐えた生徒のことをよく思い出します。

●楽は教師としての成長を止める

教師という仕事をしていると、いろいろな生徒と出会います。人間的な素晴らしさに感心させられる生徒もいますが、生徒指導上の問題行動を起こし、私を悩ませてくれた生徒もいます。中には私の指導が及ばずに学校を去っていった生徒もいて、その生徒のことが気になって眠れないこともありました。

そうしたさまざまな状況、すべての時で教師は成長しているのではないかと思います。むしろ、教師として楽をしている時は、その成長が止まっている時かもしれません。教師にとっての先生は生徒。すべての生徒からいろいろなことを学んで、我々教師は成長しているのではないかと考えます。

今春、どちらかと言えば高校時代は元気者で、私を悩ませてくれた教え子が中学校の教師に採用されました。教え子が教師になるということは大きな喜び。これから彼は、さまざまな壁に突き当たるとは思いますが、その度に教師として成長していくはずです。高校時代に多くの友人を引きつけた持ち前のガキ大将的な統率力で、自身の教え子をしっかり指導していく姿が目に浮かんできます。

彼は私にとって貴重な先生でした。そして彼自身もまた教え子を先生としながら、教師としてのあるべき姿を突きつめ、彼だからこそできる教育を実践してほしいものです。

27 ゲンコツは体罰、それとも激励の行為か

事なかれ主義への風潮

●体罰とはどのような行為なのか

数年前、前宮崎県知事の東国原英夫氏が愛のムチ的なゲンコツを許容する「ゲンコツ条例」のようなものは制定できないか、と発言したことがマスコミで報道され話題となりました。

一般的には、ゲンコツは体罰というよりも「しっかりと頑張れよ」という激励のメッセージという意味合いが強い行為。日常的には、愛のムチ的なゲンコツが体罰として大きな問題になることはないとは思いますが、東国原氏の発言には共感したくなります。

ところで体罰とはどのような行為を言うのでしょうか。

文部科学省では平成十九（二〇〇七）年二月五日に「問題行動を起こす児童生徒に対する指導（通知）」の中で「身体に対する侵害を内容とする懲戒（殴る、蹴る等）、被罰者に肉体的苦痛を与えるような懲戒（正座・直立等特定の姿勢を長時間にわたって保持させる等）に当たると判断された場合は、体罰に該当する」と規定しながらも「個々の懲戒が体罰に当たるか否かは、単に、懲戒を受けた児童生徒や保護者の主観的な言動によって判断されるのではなく、諸条件を客観的に考慮して判断されるべきであり、特に児童生徒一人一人の状況に配慮を尽くした行為であったかどうか等の観点が重要である」としています。

●訴訟に備えて保険に加入する教師

私は基本的には暴力は教育ではないと考えています。マスコミで、教師の暴力で生徒にケガをさせたり、それが原因で不登校になった、というような事例が時々、報道されますが、このような体罰は絶対にあってはなりません。

しかし、教師の行為に世の中があまりにも過敏に反応しすぎることは、教育現場の活動に萎縮をもたらすことになります。特に運動部の現場において、厳しい練習を行うためには生徒に緊張感を保たせることは重要で、ちゃらんぽらんな練習はケガを誘発します。その指導の一貫の中で教師は鬼コーチに変身しなければなりませんし、この一連の指導のほんの一部を体罰ととらえられれば、まともな指導ができなくなります。運動部の顧問にとっては厳しい現実だと言えます。

このような状況を受けてか、最近、保護者や教育上のトラブルによる訴訟に備えるための保険に、個人的に加入する教師が増えてきました。ある体育教師は「保険に加入しないと安心して職務に専念できない時代です」と述べています。悲しい現実ですが、さまざまな子どもたちや保護者に対応していくために、必要な制度となりつつあります。

●ケガのリスクをゼロにするには

また最近、体育祭の種目から騎馬戦がほとんど消え、組み立て体操をする学校も減りつつあります。生徒にケガをさせてはいけませんし、そのために我々教師は全力を尽くしています。

しかし、いろいろなことを想定しながら安全対策をとっていても、想定できない何かが起きてしまう可能性があります。精一杯の安全対策をとっても一〇〇%の対策にはなりませんし、ケガのリスクをゼロにする最も簡単な方法は、その種目を無くすことです。

すなわち、教師がさまざまなトラブルや問題を最も効率的に避ける方法は、子どもが怠けていても厳しく指導しないこと。クレームをつけてくる保護者には逆らわないで従順であること。結局、いろいろなリスクを考えれば、何もしないことが一番安全であるという結論になります。

そして、この流れは子どもたちからたくましさを奪うとともに、明らかにバランス感覚が悪く、組み立て体操などの運動が苦手な子どもたちを確実に増やしていきます。

このように教師が、事なかれ主義に陥ってしまえば、もはや教育は成立しません。何かを行うということには必ずリスクが伴います。そのリスクを回避する最大限の努力を行いながら、いろいろなことに挑戦していくことが本来の教育ではないでしょうか。

教育現場において、教師が個人的に保険に入らずに安心して生徒と向き合える環境、そして生徒のためにいろいろなことに挑戦できる環境を築いていかなければなりません。

28 教師の質向上、本当にダメ教師を無くせるのか
教員免許更新制度

●教師の資質向上は重要な課題

教師のあるべき姿をいろいろと記してきましたが、教師の資質向上は重要な課題であり、文部行政はそのための政策をしっかりと実施してほしいと思います。しかし、教師の質を向上させようということで、かえって現場の教師を混乱させている政策があります。教師の質向上のため、教員免許の更新制度がスタートしましたが、これは政治主導で準備不足のまま、突然導入されたような気がします。

この制度導入に積極的だった安倍晋三元首相は、自身の著『美しい国へ』（文春新書）で

「ダメ教師には辞めていただく」とした上で、教員免許の更新制度の導入もその一つの方法だと述べています。

私も安倍首相の「ダメ教師には辞めていただく」という考えに基本的には賛成です。我々はダメ教師になってはいけませんし、公教育である以上、私自身もダメ教師と判断されれば教壇に上がってはいけません。そして、そうならないために日々、自分自身の教師としての資質を高めていく努力をしていかなければならないと思っています。

●一生懸命な教師ほど時間がとれない

しかし、この制度は本当に効果があるのでしょうか。更新の年となった教師は、現場を離れて自分で料金を支払って規定の時間数、大学で講義を受けた上で修了認定試験としてレポートを書いたりテストを受けることになります。かなりの時間と労力を要しての免許更新ですが、講義内容が日々の教育活動の参考になったという話をあまり聞いたことがありません。また大学側もこのために急遽、講座を準備しなければならない状況で、大学の先生方も何をどう講義すればよいのか戸惑っているという話を聞いたこともあります。

多くの教師は学校現場で、日々生徒と真剣に向き合い、自由になる時間はほとんどあり

ません。部活動や生徒の指導に一生懸命に汗を流すある教師は、この講義に参加するため
どうやって時間を調整しようかと悩んでいました。
確かに、世の中には、教師本来の使命を忘れかけているダメ教師がいるのも事実ですし、
その一部の人たちに教師としての使命を取り戻させるのが、この制度の趣旨だと思います。
しかし、もしそうであるならば、この制度は全く機能していません。なぜならばダメ教
師は生徒たちと距離を置き、さまざまな学校業務を避けています。このため、時間と余裕
がたっぷりあり、講座を受けるため現場を離れることは、いとも簡単なことです。
むしろ、この制度に従い、講座を受ければ教師の資質が認められ、〝大丈夫ですよ〟と
教師を続けていくお墨付きを国からもらったということになります。こう考えると、この
制度はむしろ「ダメ教師」を助けて、一生懸命に生徒と向き合おうとしている教師の貴重
な時間を奪っているのではないかと思います。

●効果があるのか、多くの教師に不信感

もしこの制度を継続するのであれば、一定の条件を充たした上で、現場でしっかりと汗
をかき、その適性が認められる教師の更新は免除していくような仕組みづくりを検討し、

さらには現在、現役の教師は定期的に教育委員会が実施する研修をかなりの時間数受講するようになっていますが、この研修の有効活用はできないものでしょうか。

政権が代わり、この制度は迷走しています。文部科学省はこの制度について平成二十一（二〇〇九）年の六月に「教員免許更新制度の今後の在り方」で、「現行制度の効果などを検証するため調査・検討を行い、この結論が得られ法律が改正されるまでは現行制度は有効」、公式にはこのような説明をしています。

また以前、政府はこの制度を廃止するための教育職員免許法の改正案を国会に提出する予定であったようですが、その方針を見送ったという報道もなされました。更新しなければ免許が失効しますので、我々教師は制度は制度として受け入れなければなりませんが、この中途半端な方針に説得力があるのでしょうか。

文部科学省も、政治の迷走に困惑し、現行のやり方では多くの教師が不信を持ち、効果も乏しいということを認識しているのではないでしょうか。我々教師にとってその根本に関わる免許が、これほど軽いものかと考えると空しくなってきます。

この制度のあり方を早急に検討していただき、もしこの制度が必要であるならば、効果を伴うための改善を行っていくべきではないでしょうか。

29 教師が足りない、有為な若者をどう確保

教師の採用問題

●一年契約の講師に支えられる

先日、「産休・育休、病気休暇などによる、教師の欠員が埋まらない」旨の新聞報道がなされていました。学校では教師が欠員となった場合、教員免許を持っているが正規に採用されていない方と講師としての契約を結び、臨時に教師となってもらうことになります。

女性の社会参加が進み、団塊の世代が大量に退職する中で若い教師が増加する傾向にあります。このような中で産休や育休が増え、さらに精神的疾患などで病休をとる教師が急増している状況もあって、教師集団に占める講師の割合が増えています。

高校の現場では、各教科を時間単位で教える非常勤講師の制度もあって、常勤の講師とともに現場を支える大きな存在となっています。このような結果、講師なしには学校現場が機能しない状況にあり、年度末には次年度の講師確保に追われることになります。

私の周りにも多くの講師がいて、そのほとんどが正規の教師になろうと採用試験に向けて勉強している若者です。身分的には不安定な立場にありますが、生徒たちのために頑張ってくれています。

しかし、一般の官庁が一年間の契約社員にここまで責任を課しているのか、講師として頑張る同僚教師に感謝するとともに、教師を正式に採用しないで、講師にこれほどまでに負担を強いる現状が正しい姿なのか、そのあり方に疑問が湧いてきます。

●教師を目指す有為な若者が減少？

ところでなぜ、このように講師が不足する状況が起きたのでしょうか。新聞では、「団塊の世代が退職し多くの講師が正規に採用されたこと、さらには少人数指導が行われるなど教師の需要が増加する中で、教師の養成が追いついていない状況があり、今後は退職者などを積極的に活用していく必要がある」旨の指摘が有識者からなされていました。

この問題に関し、私は、そもそも教師を目指そうとする有為な若者が減ってきているのではないかという危惧を持っています。ちなみに近年の教員採用試験（小学校、中学校、高等学校）平均の競争率を見てみると、平成十二年度には倍率が一四・三倍であったのに対して、平成二十一年度は六・二倍。受験者総数はほぼ横ばいの状態で、ここ数年、採用人数が増加したことがその要因であって、あまり気にする必要はないのかもしれません。

しかし不況の中にあって公務員志向が高まるはずなのに、教員についてはそうではないようです。自治体によっては平成二十一年度小学校採用倍率が三倍に充たない二倍台のところもあります。このような状況で本当に質の高い教師を確保できるのかが心配になってきます。

●実習の延長と教育大学院は条件整備を

このような中、教師の質向上に向けて、養成課程を六年間とすることや教育実習を長期化する方向性が示されています。現在では大学四年間で教職の単位を取り、教育実習を二週間程度行えば免許を取得できるようになっています。今後は免許の取得条件を厳しくして、教職の専門性を高めさせようとする狙いがあるようです。

確かに教育実習が二週間程度であれば、実習生はお客さん的な立場のまま期間を終えることとなり、本当の教育現場を知ることができません。この観点から教育実習期間を延長することは必要だと思いますが、教育現場にとっては大きな負担となります。私はほぼ毎年、実習生の指導を行いますが、本来業務をこなしながらの指導は厳しいものがあります。教育実習期間を延長し、教育現場の実情をしっかり学んだ上で教師になってもらうことは大切なことですが、そのためには人的な側面など学校側の受け入れ体制をしっかりと整えなければなりません。

また、教職を希望する者を大学院に進学させ、さまざまな知識をつけさせることも大切なことだと思いますが、この不況下、多くの若者が大学院に行ってまで教師を目指そうとするのかどうか。それに伴う金銭的負担などを考えると、教員免許を取得しようとする若者が減っていき、結果的に教師を不足させ、現場を混乱させることになるのではないでしょうか。

これらの政策の方向性は正しいのかもしれませんが、そのための条件整備ができてなく、場当たり的な対応のようにも思えます。早急に制度を導入するのではなく、そのための環境をしっかりと整えていく必要があります。

30 教師の給与は本当に高いのか

人材確保法存廃の是非

●優秀な教師を確保するための法律

昨今、人材確保法の是非が議論されています。

この法律は昭和四十九（一九七四）年、田中角栄内閣の時に成立したわずか三条からなる特別措置法で、義務教育の水準を保ち、教師として有為な人材を確保するために、その給与を一般行政職の給与水準よりも優遇させるべきだという内容からなります。

この法律制定には、高度経済成長を背景に優秀な人材が企業へと流れ、「教師にでもなろうか」、「教師にしかなれない」いわゆる「でも、しか教師」という言葉が流行するという時代背景があったといわれています。

教師の給与は一般行政職に比べ調整額が加算されている分、若干高い水準にあることは確かです。しかし一方、一般行政職にはつく休日や時間外の勤務手当が、全くつかないシステムになっています。

私は市役所時代、休日や時間外に勤務をし、かなりの手当が支給されていました。しかし、教師となって勤務時間が増えたにもかかわらず、手当がつかない分、逆に給与が減ってしまいました。

●財政問題、国家百年の大計の視点から

現在、私は朝七時三十分頃までに出勤、昼休みも生徒を指導することが多く、毎日十二時間以上の勤務をし、私が学校を出る時にはまだかなりの教師が職員室に残っています。

また、中学校や高校で部活動を熱心に指導する教師は土日返上での勤務ですが、基本的には一般行政職のように代休をとることはありません。これは見方を変えれば、熱心に働く教師にとっては、わずかな調整額のために、すべての時間外や休日労働がサービス残業化されてしまうシステムになっているということです。

教師としての情熱をなくすなど、これに見合う業務をしていない教師はこの調整額を減額されても仕方ないと考えますが、多くの教師はこの調整額に見合う、いやそれ以上の職務を遂行していると思います。

元々、この法律の存続の是非が議論されるようになった背景には深刻な財政問題があり、財政支出の削減は待ったなしの状況だと言えます。しかし、教育関係予算に関しては目先のことにとらわれずに、国家百年の大計という観点から考えていただきたいと思います。また仮に人材確保法が廃止され、教師に一般行政職並みに時間外や休日手当が支給されるようになれば、かえって財政を圧迫するという恐れはないのでしょうか。

●人材確保法は国としての強い意思表示

現在の教育現場では、これまでさまざまな観点から述べてきたように、教師の業務、特に子どもたちへの対応は明らかに複雑化しています。またモンスター・ペアレントと称される過敏な反応や子どもたちを放置するような保護者への対応に追われ、うつ病などの精神疾患に悩む教師も増えていく傾向にあります。このような問題に対応していくための最も重要な対策は、この現状に対応できる能力を持った有為な人材を教師として確保していくことです。

しかし、悲しいことに欠員の教師が埋まらないなど、教育現場に有為な若者を確保していくことが厳しい状況にあります。人材確保法が廃止されればこの状況に拍車がかかることが予想されます。

教師の社会的地位が相対的に低下し、さまざまな難しい問題が提起されている現在においては、法律が制定された時代と同様に、教育現場に有為な人材が確保しにくい状況にあります。

このような中にあって、少なくともこの法律は教育現場に優秀な教師を確保していこうとする国としての強い意思を示す役割を担っています。

確かに、給与が一般行政職に比べ少し高いから教師になろうという若者はそんなにいないと思います。しかし、教師人気が陰りはじめている今、教育現場に有為な人材を確保していこうとする法律が姿を消すことは、若者の教師離れがさらに加速する恐れがあります。

現状を考えると、すぐにこの法律を廃止することは現実的ではなく、もし廃止するのであれば、優秀な若者を教師として確保していくための新たな法律や政策を打ち出していただきたいと思います。

平成14年 3 月，今川河畔で遊ぶ娘・礼（2歳）。後ろの建物が，私が11年間勤めた行橋市役所の庁舎。

私の大好きな今川河畔。春は菜の花、秋はコスモスが咲き、野鳥たちが水面で遊びます。私はこの河畔を歩くと安らぎを感じ、ボランティアとして

第4章

がんばろう 家庭、そして地域社会

この河畔を作ったNさんのことを思い出します（「39 心を育て、その本質を理解させるための教育」参照）。このNさんの生き様が、地域やボランティアのあり方について大切なことを教えてくれている気がします。

人間の成長において最も重要なのは家庭教育。家族という絆を糧に、愛情をもって子育てを行うことが大切です。

しかし、子どもへの愛情が希薄になってきたり、愛情をきちんとした形で表現できない親が増えてきました。物を買い与えるなど単に子どもを甘やかすことを愛情と錯覚したり、周囲のことを考えないで我が子の正当性のみを主張しようとする親、自主性を尊重するという大儀をかざして子育てから逃避する親、さらには過度に叱りつけるだけで、子どもの気持ちを全く分かろうとしない親、がその例だと言えます。

また子どもたちは、地域社会という集団で人々と接し、その中での温かい心の触れ合いによって、大人として成長していくことになります。その意味で地域社会が持つ教育力は、人間教育には欠かせません。しかし悲しいことに、地域においては共同体としての意識とともに住民同士の関係が薄れ、地域社会としての教育力が低下してきました。

今回の東日本大震災で、多くの方々が大切な家族を失いました。その絶望的な状況の中、懸命に生きようとする被災者の姿から私たちは多くのことを学び、逆に勇気づけられています。

また、被災者は厳しい避難生活の中にあっても互いを思い、助け合おうとする気持ちを持ち続けています。この被災者の姿は地域社会におけるコミュニティの存在意義を改めて認識させてくれました。

さらに、多くの職員が被災して自治体そのものが崩壊状況にあるにもかかわらず、また自己の家族を亡くしながらも、住民のために不眠不休で地域社会の住民を守っていこうと必死に闘う首長や自治体の職員の方々。この姿から使命感とともに地域社会を守っていこうとする気迫を感じました。

このことは私たちに家庭や地域社会のあり方について、何か大切なことを教えてくれている気がしてなりません。

私たちにとって、家族は最も愛すべき存在であり、人間の成長において家庭や地域社会はなくてはならないものです。

31 人間教育の原点は家庭の躾

親と家庭教育のあり方

●「泥棒は家に入れない」

私は幼かった頃、近所の雑貨屋であめ玉を盗んだことがあります。

正確には、一個五円のあめ玉を十円支払って三個持って帰り、これが母親にばれて厳しく叱られました。そして母親は大変険しい顔つきで、「そんな泥棒は家に入れられない。店に謝って、一つ戻してきなさい」と言って私を家から追い出しました。

私は、ドキドキしながら近所の雑貨屋の前を何度も行ったり来たりしたあげく、思い切ってその店に入り、「おばちゃんゴメン、僕これを一つ盗りました」と素直に謝りました。

その時おばちゃんはニッコリと笑って、「よく来たね。もう間違ったことをしてはダメよ」と言って許してくれました。

おそらく、母親はおばちゃんに電話をし、おばちゃんは私が店の中に入ってくるのを今か今かと待っていたんだと思います。その時の状況が今も蘇ってきます。

人の物を絶対に盗ってはいけない。私にそのことを教えてくれたのは、あの時の母親とおばちゃんです。

●教育荒廃の根は家庭

「三つ子の魂百まで」という言葉があります。この言葉がどこまで正確かということにはいろいろな意見があると思いますが、性格のもとになる気性は幼い頃に形成されると一般的にはいわれています。この大切な時期をどのように過ごしていくか、子どもたちにとっては大きな問題ですが、幼い子は親に文句を言うことができません。

教育の原点は家庭の躾だと思います。教育荒廃の根は家庭教育にあり、父親、母親がその本来の役割を果たしていない、という声をよく耳にします。最近は公共の待合室や電車の中で、子どもが土足で椅子に上がり騒いでいて明らかに周囲に迷惑をかけていても、母親はそしらぬ顔、横で我関せずといった様子で雑誌を読んでいる光景をよく見かけます。周囲に迷惑をかけていれば厳しく指導をするのが親としての責任であって、これが繰り返されることで、子どもたちは公共の場でのあるべき姿を自然と学んでいくものです。

なぜこのような状況になったのか。子どもが悪いことをしても指導するのが煩わしいのか、もしかしたら子どもが迷惑をかけているとさえ思っていないのかもしれません。けれど、「今の親は……」、「今の家庭は……」と嘆いていても仕方ありません。

そこで考えなければならないのは、乳幼児教育のあり方であって、これまで行政はあまりにも親任せではなかったか、ということです。国が家庭教育に口を出すのは本来はよくありませんし、口を出さずに済めばそれにこしたことはありません。

しかし、その結果が子どもたちへの虐待であり、親としての責任放棄ではないでしょうか。ここまでくれば国は、家庭教育にもっと積極的に関わっていくべきであり、関わらざるを得ない状況だとも言えます。

●幼児教育の義務教育化

昨今、幼児教育の義務教育化がよく話題になりますが、前向きに検討していくべきです。

そして親に子育てについての責任を自覚させ、その意義をしっかり考えさせる場を設けるべきではないでしょうか。

子ども手当か児童手当か、所得制限の有無などが問題になっていますが、手当は一方的に給付するのではなく、受給条件として、三歳、六歳など、節目の時期に受給者を集めて親としての自覚や責任について専門家の話を聞く機会を設けるようなシステムを創設すべきです。

ちなみに平成二十二（二〇一〇）年に博報堂が実施した調査によれば、支給された子ども手当を「教育財源として使用した」が二四・二％に対して、「生活財源として使用した」が三〇・九％となっています。

さらに、義務教育段階で問題になっていますが、給食費の滞納など、保護者としての責任をきちんと果たしていない家庭には支給を停止するなど、支給の意味をしっかり理解させる必要があります。

手当をもらうことは当たり前のことではなく、多くの方々の血税が注がれているということを認識してもらうこと、そして親として、子育ての責任と義務を果たすために使用するのだということを自覚してもらうことが必要です。

32 モンスター・ペアレント、エゴには毅然とした対応を

保護者にも道理を貫く

●教師は力のすべてを子どものために

「モンスター・ペアレント」という言葉を耳にする時代になりました。モンスターという表現が適当かどうかには疑問がありますが、学校の教育活動に過敏に反応する保護者は確実に増えてきました。そして、そのために費やさなければならない学校や教師の労力は大きなものとなっています。

本来、学校や教師は、その力の全てを子どもたちのために費やすべきです。しかし、学校や教師にとって、一部のエゴを主張する保護者を常に意識し、その対応に追われなければ

ばならないことは空しいものです。

すでに述べましたが、昨今、世の中において個性という言葉が勘違いされ、社会性が軽視され、周囲に配慮できない、自分勝手な子どもが増えてきました。

そしてこの子どもたちに社会で生きていくための力を与えることが学校の役割ですが、学校だけの力では限界があり、家庭の力が必要となってきます。このように、学校と家庭は協力し合わなければならない時代なのに、逆にその保護者に気を遣い、大きな労力をかけなければならないとは情けない話です。

●「ダメなことはダメ」は保護者にも

生活面で「ダメなことはダメ」としっかり指導しなければならない場面で、親がそのことを理解しないばかりか、間違った考え方やエゴを通そうとすることがあります。

具体的には、学校において生徒指導上の問題行動を起こしたり、集団生活という視点を無視して勝手に振る舞う生徒を教育していくために、保護者に来校していただくことがあります。これは生徒を立ち直らせるための貴重な機会で、学校と保護者が連携して指導を行う必要があります。そしてこの場合、子どもの問題行動を親が深刻に受け止め、適切に対応できるか否かが大きなポイントになります。親が目を真っ赤にして必死に頭を下げ、謝罪する場面を見ることで子どもたちは自分の問題点に気づき、親にこのような思いをさせてはならないということを心に刻むのではないでしょうか。

しかし、問題を深刻に受け止めないばかりか、「どうして親までが呼ばれて指導されるのか」という様子で、自己本位に基づいた価値観に立ち、我が子や自己の正当性や権利ばかりを主張して、学校の指導に意義を唱える保護者がいます。ここでの被害者は子どもであって、せっかくの立ち直る機会が奪われることになります。

今、学校に求められるのは、道理が通らないことや一部のエゴに迎合しないこと。すなわち、「ダメなことはダメ」という方針は保護者に対してもしっかりと貫かなければなりません。

●教師、学校へのサポート体制

これからの教育に望まれること。それは世間や保護者の正しい要求にしっかりと応えていくとともに、筋が通った教育を実践することです。

そして筋が通らないことには相手が誰であっても毅然と対応すべきであり、教師も学校もこの気概を失ってはなりません。しかし近年、教師や学校がこの対応にとられる時間やエネルギーは莫大なものとなり、本来は、子どもたちのために費やすべき教育活動が犠牲になってきています。

学校にさまざまなクレームを突きつけてくる保護者の常套文句《じょうとう》は「教育委員会に言って問題にする」という言葉です。私は理不尽な要求をされ、相手が教育委員会など公的な機関を持ち出してきた時は、「どうぞ」と自信満々に応えるようにしています。そういう意味からも、教育委員会など教育行政は毅然とした対応をしていく必要があります。

市教育委員会で教育部長を務めていた知人は、「保護者のエゴに対しては、学校に任せるだけではなく、しっかりと支えていくという姿勢を示す必要がある」と述べています。生徒を守るのは教師と学校、学校を守るのは教育委員会などの行政機関だと言えます。

当然のことですが、教師や学校はさまざまな対応から逃げてはなりませんし、学校内で処理していくことが基本です。しかし、度を超えた要求に学校が振り回されてはなりません。教育行政は、このあたりをしっかり考え、教師や学校をサポートしていくための新しいシステムを創設していく必要があるのではないでしょうか。

33 学校が元気になれば、地域も元気に

学校は誰のものか

●学校は地域のシンボル

毎年、春と夏に甲子園で白球を追うドラマが展開されます。高校野球が人々を惹きつけるのは、野球の技量ではなく、地域の代表として必死に闘う球児の姿でしょう。前任の福岡県立小倉東高等学校時代、野球部が春の甲子園に出場した折には、地域の盛り上がりを肌で感じました。

「学校は誰のものか」、「それは第一に通う児童・生徒、学校を支える職員。さらに同窓生やこれから入学してくる子どもたち。そして学校が存在する地域のものである」。これは、

かつて先輩教師から聞いた印象的な言葉です。

子どもたちは地域で育ち、巣立っていきます。そして学校は、その地域にあって教育活動という役割を担っていること、すなわち学校は地域の一部だということになります。

日頃、私たち教師は地域の中に学校があることをあまり意識しませんが、学校は地域における大きなシンボルであり、地域に元気を与える活力源とも言えます。

また、学校にとっても、地域の信頼なくしてその経営はできませんし、教育活動に地域に存在する多くの力をお借りしていくことは極めて重要なことです。そして学校が元気になり活性化していくことは、地域も元気になり活性化していくことにつながっていきます。

●地域の声と中立・公平な学校運営

近年、地域と学校の関係が強化される方向にあり、平成十二（二〇〇〇）年に学校評議員制度が導入され、地域の声が学校に反映されるシステムが構築されました。また、平成十六（二〇〇四）年には、学校運営に地域の人や保護者が関わるコミュニティ・スクール制度も導入され、この制度のもとで運営される学校も登場してきました。

これまで地域にとって敷居が高かった学校に、地域の生きた声が反映されることは歓迎すべきことです。しかし、地域の特定の人物や有力者から学校に対して無理難題を押しつけられる可能性も否定できませんし、過度な要求や一方的な考え方に学校が左右されてはなりません。教育の中立性や公平性は学校教育において最も重視されるべき観点であり、これらが忘れ去られてはなりません。

コミュニティ・スクールに対しては賛否両論、さまざまな声があると思いますが、学校経営に地域の良識をしっかりと取り入れていくという点では評価できます。ただし、学校教育は学校が主体となってしっかりと担っていくということが原点。地域には学校経営をしっかりと見守り、学校を支えていくというスタンスが重要だと思います。

●地域のコミュニティ再興を

以上述べたように、教育に果たすべき地域社会の役割はますます重要になってきていますが、一方で気になることは、「無縁社会」という言葉が示すように地域自体が形骸化していっているという現実です。「学校、家庭、地域が一体となって健全な子どもを育成し、教育活動を推進していこう」というキャッチフレーズをよく耳にしますが、地域の中核であるべき自治会自体に異変が生じつつあります。

例えば、これまで、各地域においては自治会長が住民を把握していましたが、自治会に入らない住民が急激に増えてきました。自治会に入れば自治会費を支払い、地域の草取りや溝の掃除、ゴミ捨て場の管理や掃除、地域の祭りなどにも参加しなければなりません。そこで「そんな面倒くさいことは嫌だ」ということで、法律上は加入義務がない自治会には加入しないで、ゴミ捨て場には平気でゴミを出す住民が増えてきました。

このような状況が続けば、将来的には地方の行政活動にも支障が出てくるのではないかと危惧されます。また、子ども会、青年団、婦人会、老人会など、これまで地域において教育的機能を受け持ってきた組織への加入者が減り、組織自体が消滅しつつあります。

しかし一方で、東日本大震災に見られるように、防災対策上からも地域社会の役割はますます重要になってきています。今後、市民の目を地域社会にいかに向けさせていくか。地域の無縁社会化を防ぎ、教育的機能を取り戻していくためには、崩れかけている地域のコミュニティをいかにして再興していくかという大きな課題が存在します。

簡単なことではありませんが、このコミュニティの再興こそが、日本社会の再興につながっていくのではないでしょうか。

34

卑劣な犯罪から子どもを守るために

地域での安全確保

●「人は狼、声をかけられたら逃げなさい」

昨今、子どもたちを狙った犯罪が急増。各学校には教育委員会から、生徒たちの登下校時の不審者情報が頻繁に流され、注意が呼びかけられています。我が家でも小学生の娘に「知らない人に声をかけられたら、無視して逃げなさい」と注意しています。本来ならば「困っている人に声をかけられたら、誰にでも親切にしなさい」と教えるべきなのでしょうが、人としての正しい道義が教えられないという悲しい現状です。また、このような状況に子どもたちも警戒を強め、道端にいる大人の存在を不審の目で見ることになります。その結果、大人の方からも、「子どもたちに気軽に声をかけたり、道を聞いたりすると不審者に間違われないか心配」という声も聞かれるようになりました。

社会は大変進歩しましたが、一方で日本が世界に誇れるべき最大の特長であった治安が悪化しつつあり、子どもたちが安心して学校に通えない状況になっています。そして本来は「親切に」と教えなければならないところを「逃げろ」と教えなければならなくなりました。これは「人は狼だから信用してはダメ」と言うのと同じことで、このままでは他人を信頼しない、自己中心的な生き方をする子どもたちが、ますます増えていくのではないかと心配になってきます。

●交番は市民と公権力との接点

子どもは幼い頃から大人の真似をし、大人から注意をされて成長していくものです。そのためには、大人は子どもたちの模範であり、尊敬されるべき存在でなければなりません。ごく一部の卑劣な犯罪行為のために、子どもに他人を信じてはいけないと教えなければならない悲しい世の中に怒りを覚えます。

卑劣な変質者から子どもたちを守るため、さらに大人の信頼を取り戻すために、社会は何をなすべきか。警察官増員や地域の方々の協力を得てのパトロールの強化、防犯カメラの設置など犯罪抑止のための抜本的な対策が求められています。

このような中、私の身の周りでは、日本社会の特徴であり、市民と公権力との接点としての役割を果たしてきた交番や駐在所の数が大幅に減少しました。これは事件や事故の増加、パトロール強化のため警察官が不在となることが多い「空き交番」が増加、この解消のために交番や駐在所の配置見直しが行われたことが原因です。これで「空き交番」の解消やパトロールの強化は進んだようですが、身近にあった交番や駐在所の数が減ってきたことには不安もあります。

やはり地域社会において、近くに交番や駐在所が存在し、そこに生活を見守ってくれている駐在さんがいることは、市民として大変心強いものです。また駐在さんは、子どもたちに尊敬される地域のシンボルであるとともに、警察を身近に感じるための象徴的存在だといえます。

●警察機能の充実など抜本的な対策を

今、求められているのは交番や駐在所の数を減らさない形での警察機能充実、そのために警察官を大幅に増員することは多くの国民が納得する税金の使い方ではないでしょうか。

防犯を目的に、地域によってはさまざまな組織による自主的なパトロールなどがボランティア活動として行われているようですが、行政が積極的に援助を行い、このような組織を地域に増やしていく取り組みも重要です。それぞれの地域には、会社を定年退職などして時間的な余裕を持ち、子どもたちを守るために役立ちたいと思う人たちも多いのではないでしょうか。

また、自主的なボランティア活動に任せるのではなく、できれば責任を持たせていくシステムとして機能させるべきです。そのためには全くの無報酬ではなく、その活動へのお礼をこめて、少し謝金を支払うなどの財政的援助も必要となってきます。

さらには防犯カメラの設置。これは人々の生活を監視することにつながるなど、プライバシー保護の観点から問題点が指摘されています。しかし、最優先されるべきは子どもたちを守ること、事件が頻発する場所を中心に設置していかざるを得ない状況ではないかと思います。

いずれにしても、子どもたちを守るために何ができるのか、具体的な対策を着実に実行していくことが求められています。

35
「伊達直人」から学んだ正義、テレビの果たす役割
夢や希望を与える番組

●全国各地でタイガーマスク運動

今年に入って、全国各地の児童相談所にランドセルなどをプレゼントする善行が相次ぎました。送り主は「伊達直人」を名乗り、こっそりと施設の玄関先に置くのです。最初、「伊達直人」は平成二十二（二〇一〇）年のクリスマスに前橋市の施設に登場、その後、全国各地に「伊達直人」が現れ、これを真似た行為が広がり、施設の関係者を喜ばせました。

それとともに、「タイガーマスク運動」とまで称された「伊達直人」さんの行為は、「自分さえ良ければ……」という風潮と閉塞感の漂う日本社会において「みんなで助け合って

いこうよ」という、人としての温もりを与えてくれた気がします。

伊達直人は我々が子どもの頃のテレビアニメ『タイガーマスク』の主人公です。彼は孤児院で育ち、タイガーのマスクをつけるプロレスラーとなり、次々と送られてくる悪役レスラーをリングの上で撃破する子どもたちの英雄。伊達直人は自分がタイガーマスクであるとは名乗らずに自分が育った孤児院を訪れ、いろいろなプレゼントをしながら子どもたちを見守っていきます。

「伊達直人」と聞けば、子ども時代の思い出として想い浮かんでくるのが我々の世代。そして正義とは何なのか、辛さに耐えながら頑張ったらどうなるのか、人にはなぜ優しくしなければならないのかなど、いろいろなことをこのテレビ番組から教わりました。

●『巨人の星』に学んだ根性や友情

タイガーマスクとともに忘れられないのが、テレビアニメ『巨人の星』。主人公の星飛雄馬の頑張る姿から、根性とは何か、チームメイトからの励ましやライバルとの交流から友情の素晴らしさや勝負の厳しさなどを考えさせられました。女性は、星飛雄馬よりも『アタックNo.1』の鮎原こずえから多くのことを学んだのかもしれません。

テレビ番組は子どもたちにいろいろな影響を与えます。優しさや思いやり、頑張ることや生命の大切さ、子ども番組にはこのような視点が欠かせません。「平凡に見える少年が突然キレ、人を傷つける」、こんな事件が増えている背景の一つに、子ども番組の低俗化も影響しているような気がします。

このように最近の子ども番組の低俗化を嘆いている私をホッとさせてくれたのが、少し前にNHK教育テレビジョンで放映されたアニメの『メジャー』。小学生の娘とともに毎週の放送を楽しみに待ち、熱中させてもらいました。

この番組は、幼くして両親を亡くした野球少年が苦難を乗り越えてメジャーリーグに挑戦していくというストーリー。番組の放映中、週末の夕方三十分間は娘との貴重なスキンシップの時間でした。また、かつての『巨人の星』など熱血アニメを思い出させるシーンが数多くあり、私たちの世代にとって郷愁を感じるひとときでもありました。

人を簡単に傷つけたり、大人を馬鹿にする番組が流行する風潮の中にあって、親子で楽しめるアニメ番組に久々に出会えた気がしました。現在はすでに放送を終えていますが、時々再放送があり、その度に見てしまう不思議な魅力があります。

●テレビの果たす教育的役割

テレビ放送はアナログからデジタルへと移行され、その機能や果たすべき役割はますます多岐になっていくことが予想されます。しかし、いくら技術が進歩しても、映像メディアが果たすべき本質的な役割が忘れ去られてはなりません。そして子どもたちや青少年を取り巻く環境の悪化が問題となっている今日、テレビの果たすべき教育的役割には非常に大きいものがあります。

また、このような社会だからこそ、正義や優しさ、頑張ることや人としての助け合いの素晴らしさなどを感じさせる番組、時代の悪い風潮を断ち切る番組作りが求められています。視聴率第一主義のもと、時代の風潮に流されるのではなく、子どもに夢や希望を与える質の高い番組作りに努めてほしいものです。『タイガーマスク』、『巨人の星』、『アタックNo.1』、そんな番組にもう一度出会いたいもの。おそらく、日本各地で登場した「伊達直人」さんも、そんな想いを持っているのではないでしょうか。

36 ネット社会、その弊害から子どもたちを守りたい

携帯電話をめぐる問題

●暇だから誰かにメールをする

ＩＴ化が進み、世の中は便利になりました。しかし一方で、暇だから誰かにメールをする、ゲームをする、メールを介しての友人関係等々、携帯電話の普及が青少年の生活環境を一変させました。この結果、出会い系や有害サイトを通して子どもたちが犯罪に巻き込まれたり、誹謗中傷メールでいじめに遭うケースなど、携帯電話をめぐる問題が後を絶ちません。そしてネット社会の中で、本来は利便性をもたらすべき道具に社会が振り回され、子どもたちが被害者や加害者となっています。

これまで何度も、携帯電話を介して子どもたちへの犯罪行為が繰り返されました。その度に問題点は指摘されましたが、結局はフィルタリングと呼ばれる各携帯電話会社の有害サイトアクセス制限サービスに自主的加入を促すだけで、弊害除去のための具体的な対策はとられていないのが現状です。

●最優先課題は子どもたちを守ること

このような中、平成二十（二〇〇八）年に政府の教育再生懇談会は「小中学生が携帯電話を持つことがないよう関係者が協力する。また持つ場合は通話機能などに限定した物が利用されることを推進する」との第一次報告を行いました。さらに平成二十一年、石川県は「いしかわ子ども総合条例」を改正して、「保護者は防災・防犯などの場合を除き、小中学生などに携帯電話を持たせないように努力する」旨の内容を盛り込みました。

一方、安易に禁止や規制をするのではなく、ネット社会に対する防犯教育、倫理やモラル教育を徹底すべきだとの意見もあります。それはもっともな意見であって、当然それらの教育を行っていくことは欠かせません。しかし、興味旺盛で、まだ冷静な判断ができないのが子どもたちだと言えます。

子どもたちが携帯電話を介して事件・事故に巻き込まれたり、人権が侵害されるケースが後を絶たない状況において、最優先の課題は子どもたちを守ること。のんきに理想論を説いている場合ではありません。また携帯電話を不用意に買い与えて、そのチェックをしようとしない保護者も増えてきました。しっかりとネット社会に対する防犯教育、倫理やモラル教育を行いながらも、子どもたちに冷静な判断力が備わるまでは、何らかの法的な保護が必要ではないでしょうか。

この現状において、賛否両論はありますが、石川県における「いしかわ子ども総合条例」改正の取り組みは、子どもたちを社会として守っていくという姿勢を行政がしっかりと示したという点で、大切な第一歩ではないかと思います。国としても子どもたちを守っていくために、具体的な対策を検討してほしいものです。

●企業の社会的責任とは。販売戦略に疑問

また、携帯電話メーカーは若者をターゲットに利便性を追求した新製品を次々と開発・発売、CM戦略などで未成年者の購買意欲を煽《あお》っています。子どもたちはその新製品の購入を親にねだり、親は買い与えます。高額な携帯電話料金を親にとがめられ、それを支払

うために本来やってはいけないアルバイトをしたり、援助交際をしたりするケースもあると聞きます。

メーカー側にしてみれば、買ってやる親が悪い、フィルタリングをしない親が悪いということになるのでしょうが、買い手側である保護者の自己責任を前提にしたメーカー側の販売戦略にも疑問を感じます。このような戦略の中にあって、携帯電話を持つ小・中学生が増え、時と場所を構わずにゲームやメールに興じる姿を多く見かけるようになりました。

携帯電話を購入する子どもたちへの学割は本当に必要なのでしょうか。むしろ社会へのライフラインとして携帯電話が活用されるであろう独り暮らしのお年寄りなどへの割引の方が必要ではないでしょうか。そしてもし、安全上の問題などで子どもたちに持たせる必要があるならば、GPSや通話機能などに限定したものを販売すべきだと思います。

資本主義の世の中においては当然のことであっても、正しい判断がまだ下せない子どもたちをこの市場原理にさらすのは賢明な判断とは思えません。企業の社会的責任とは何なのか。収益だけを求めるのではなく、子どもたちの未来や安全性に配慮できる会社こそが、社会からの信頼を得るのではないでしょうか。

37 官僚批判、若者への影響が心配

官僚は悪者なのか

●戦後を導いた官僚の活躍

天下りやセクショナリズムに代表される官僚支配の弊害を無くすことは重要な課題であり、官僚政治からの脱却は多くの国民が望むことです。そして近年、「官僚支配をぶっ壊せ」、「官僚支配から政治家主導へ」など、政治家から勇ましい発言が頻繁に聞かれるようになりました。しかし、政治家が官僚批判を繰り返し、官僚はとんでもない悪人であるとの印象を国民に与えることはいかがなものでしょうか。

先日、授業で生徒に「官僚を目指したらどうか」と気軽に話しかけると、怪訝《けげん》な顔をされました。「官僚」という響きに悪いイメージを持つ子どもが確実に増えてきています。このままでは、大志を抱き、官僚や公務員を目指そうとする若者が減少するのではないだろうかと不安になってきます。

戦後、荒廃した日本を成功に導いた要因の一つは官僚の存在です。多くの官僚たちは私生活を犠牲にして国家・国民のために尽くし、気概を持って働くその姿は憧れの存在でもありました。城山三郎の小説『官僚たちの夏』（新潮文庫）の中に「俺たちは国家に雇われている。大臣に雇われているわけではない」という表現がありますが、選挙を意識してポピュリズムに流れる政治の暴走を官僚たちは体を張って止めてきました。

●政と官の力、大切なのはそのバランス

しかし現在は、省庁の権益を守ろうとする官僚の動きを体を張って止めようとしているのが政治家、という構図がつくられてきているようです。

選挙で国民の信任を得た政治家が力を持つのは重要なことです。一方で、あまりにも力を持ちすぎれば、選挙を意識した人気取り的な政策や情実が横行するのでは、との懸念がつのってきます。民意を反映する政治家の役割は重要ですが、政治的中立であることにプ

ライドを持ちながら専門的な知識を有する官僚の存在も欠かすことができません。官僚制度の悪しき伝統は無くしてほしいのですが、官僚としての気概は失ってほしくありません。大切なのはそのバランスであり、互いにチェックし合える関係を構築することが重要です。日中、日米、日露関係、朝鮮半島問題など緊迫した国際情勢の中でどのように舵をきるか。これからの年金や医療など、今後ますます深刻化していく少子高齢社会をどう乗り切るのか。景気の回復と財政赤字の解消。早急に着実に実行していかなければならない震災からの復興。1+1が2となる算数とは違い、1+1がゼロになったりマイナスになったり、課題解決のための正しい答えが簡単に見いだせないのが昨今の情勢で、政治というのは本当に難しいものだと思います。

●敵ではない。同じ使命を持つ国家の柱

そして、最近の政治で気になることは、選挙で勝つために国民の人気を得るための政策が優先され、政治に重さを感じないことです。政権獲得のための政策ではなく、将来の日本をしっかりと見据えた政策が求められています。

第1章で述べましたが、ジョン・F・ケネディ大統領の「祖国があなたに何をしてくれ

るかではなく、あなたが祖国のために何ができるかを問うてほしい」という言葉。日本の政治家からもこの響きの言葉を聞きたいと思うのは私だけでしょうか。

特に、東日本大震災で多くの被災者が明日への希望を見いだせていない現状を考えると、「あなたは被災地と被災者のために何ができるのか」と国民に問うことができる政治が求められています。

各省庁のトップは当然ながら政治家である大臣、そしてその下で働くのが官僚という上司と部下の関係であって、決して敵ではないはずです。一般的には上司が部下の悪口を言う姿は大変見苦しいもので、上司の器は部下の能力を最大限に活用して自らの政策をいかに実行していくかで図られます。

政治がコントロールしながらも、官僚たちがその役割を十分に果たしていくことが必要です。政治家も官僚も同じ使命を持つ国家の柱。社会の繁栄には「国家・国民のために尽くしたい」との大志を抱き、官僚や政治家を目指そうとする若者の存在が欠かせませんが、このままでは大志を抱く若者が減っていくことが懸念されます。いつの時代にあっても政治家や官僚は子どもたちの憧れであってほしいものです。

38 社会を支える公立学校はどうあるべきか
公教育を守るため

●カメに頑張らせ、ウサギに怠けさせない

ウサギとカメが競争すれば、どちらが勝つか。昔から伝わる話では、能力に勝るウサギが怠けてカメが勝つことになっています。私たちは、カメのようにコツコツと頑張ることが必要であるということを幼い時から耳にしてきました。

この教訓は大切で、教育において最も重視しなければならないことですが、もう一つ大切なことは、ウサギにも怠けさせないようにしなければならないということです。

現在、多くの子どもたちが塾通いをしています。特に中学生の塾通いは非常に多く、塾に行かなければ高校受験に対応できないような実状になっています。

私には市町村立中学校の教師をしている多くの友人や知人がいますが、一同が口にすることは、生徒指導の大変さです。さまざまな問題行動に関わる生徒の指導に多くの労力を費やしています。また、学校によっては、授業前に席に着かせる指導に労力を要したり、授業がきちんと成立しないケースもあるようです。さらに、学校の指導に協力してもらえない保護者が確実に増えていて、その対応にも多くの時間が割かれています。

●塾頼み、教育にお金がかかる

このような中にあって、多くの中学校では、生徒にきちんと授業に参加させ、学力が厳しい生徒に対しなんとか基礎学力を保障することに多大な力を要することになります。

教師はスーパーマンではありませんので、当然、生徒指導を優先させ、授業内容を習熟度の低い生徒に合わせざるを得ない場面が増えてきます。そこで多くの家庭では、学校の授業だけでは不安になり、高校受験を意識して塾に通わせることとなります。さらには、公立中学校に入学させずに、生活指導面がきちんとできていて難易度の高い授業を受けることのできる私立の中学校に入学させたいと考える家庭も増え、小学校から塾通いをさせることになっていきます。

こう考えると、公立中学校ではなかなかウサギへの対応ができないので、ウサギが怠けないように指導してくれているのは塾ということになり、その存在意義は極めて大きく、塾が公教育の隙間を埋めてくれているということになります。

塾を批判したり問題視する意見はさまざまな場面で聞きますが、自分が受験を控える子どもの保護者の立場になれば簡単には否定できない現状があります。

しかし、ここで考えなければならない最も重要なことは、〝タダで塾は教えてくれない〟ということです。経済的に余裕のある家庭にとっては、大きな問題ではないのかもしれませんが、余裕のない家庭はどうなるのかということです。

また、多くの家庭では、家計の支出を切り詰めて塾に通わせる費用を捻出《ねんしゅつ》しています。このように教育費にお金がかかりすぎるということも少子化の要因の一つになっているのではないでしょうか。

●塾に通わなくてもいい公教育の実現

日本は家計の支出に占める教育費の割合が高いといわれており、多くの家庭では高校に入学させるための塾の費用に頭を悩ませています。

このような中にあって、高校の授業料が無償化されました。子を持つ親としては感謝しますし、政策の必要性は否定しません。しかし、多くの家庭が先に望むのは、公立学校の教育現場をしっかりと機能させ、充実させることであり、その結果として塾に行かなくてもよい公教育を実現していくことではないでしょうか。

憲法二十六条は「すべて国民は、法律の定めるところにより、その能力に応じて、ひとしく教育を受ける権利を有する」と規定しています。塾に通わなくても、公立の中学校でさまざまな習熟度に応じた学習ができるという形が、教育現場の本来の姿であり、平等な教育だと言えます。

そのためには、公立中学校などで教師の定員を増やし、習熟度別の授業や少人数授業を実施していくことが緊急の課題です。このような中、文部科学省が三十人学級、三十五人学級の方向を打ち出したことは大きな一歩です。財政的には厳しいと思いますが、是非実現させるとともに、多くの国民にとって最も身近な存在である公教育を守るための政策を、数多く実施していってほしいものです。

39

心を育て、その本質を理解させるための教育

ボランティアとは

●河畔を変えた、花咲かじいさん

私は市役所に勤務していた時代、主に広報に携わり、カメラを肩に町中を走り回りました。そのお陰でいろいろな方と知り合いになり、多くを教わりました。村おこし、まちづくりに汗を流す方々とも関わり、その仲間に入れてもらったこともあります。その時、「まちづくりは人づくりから」という言葉と出合い、その意味をしみじみと噛みしめました。

また、さまざまな場面でボランティア活動を行う方々とも数多く出会い、いろいろなことを教わりました。印象的だったのがその人たちのいきいきとした表情、ボランティア活

動は悲壮感をもって無理矢理行う活動ではない、ということを実感させられました。特に忘れることができないのが、ボランティアとして河川の美化活動に取り組んだNさんです。

私が住む福岡県行橋市の中心部を流れる今川。その河畔はサイクリング道路が整備された市民の憩いの場。しかし、かつてこの今川河畔は雑草が生い茂りゴミ捨て場同然の状況で、茂みに変質者が潜み被害が相次いだこともありました。

このような状況の中、「なんとかしなければ」と腰を上げたのが地元で自治会長をしていたNさんで、鎌と鍬を携えて雨の日も雪の日もコツコツと一人で雑草に立ち向かいました。一人の老人の力で河畔は年々整備が進み、春は菜の花、秋はコスモスが咲き誇る河畔公園へと姿を変えていくことになります。

最初は一人だけの孤独な活動でしたが、徐々にNさんの姿に共感する市民も現れ、他の地域の河畔でも花々が見られるようになっていきました。まさにNさんは〝行橋の花咲かじいさん〟のような存在でした。

●語源の意味は「意志する」

ボランティアとは何なのか。その日本語訳として「奉仕」という言葉がよく使われますが、ボランティアの語源はラテン語のウォロ（Volo）で、意味は「意志する」ということ。本来、ボランティア活動とは、自分自身の意志で奉仕活動に積極的に参加し、その中で自分自身のあり方を考えていくことだと思います。

しかし最近、ボランティア活動に関して気になっているのは、進学の書類などに記入するケースが増えてきたこと。このこと自体は良いことだと思いますが、ボランティア活動が形骸化する傾向にあることが気がかりです。

以前、ある生徒が「私一度、老人の介護施設に行ったことがあります。ボランティア活動歴のところに記入して下さい」と言ってきました。また、書類に記入してもらうためにあわてて施設を訪問するケースもあると聞きます。こうなると本末転倒、純粋であるはずの活動の一番大切な部分が歪められています。

現在、教育現場に求められているのは、活動をしている生徒はしっかりと評価するとともに、ボランティア活動の本質をきちんと教えていくことです。

●ボランティア、その心を育てる

すでに第1章で述べましたが、多くの若者たちが「被災者のために役立ちたい」との意志をもって、東日本大震災の被災地へ向かいました。日本社会はこのような行為や心を最も大切にしなければなりません。

現在、私たちの身の周りにはさまざまなボランティア活動が存在し、生活を支えくれています。超高齢社会を迎えるに当たり、その役割はますます重要となってくるはずです。これに備え、ボランティア活動を推進させていくためのシステムづくりが大切となってきます。特に教育現場においては、ボランティア活動に目覚めていくための素養、その心を育てていくことに力を注いでいくべきだと考えます。

ボランティア活動と言えば真っ先に思い浮かべるのは、Nさんの鎌と鍬とを持つ姿。今川は私にとって日本一愛着を感じる川で、河畔をのんびりと歩くと心が安らいできます。Nさんは数年前に亡くなり、もう今川河畔で見かけることはできませんが、河畔を散歩するとNさんの姿が川面に映り、その声が聞こえてくるような気がします。

そして、ただ一人、鎌と鍬を携えて、ボランティアや地域づくりの原点を行動で示してくれたNさんの生き様を子どもたちに伝えていくことが、私にできる最高のボランティア教育ではないかと思っています。

40

阪神大震災被災者との交流をとおして

子どもが持つ力

●甲子園出場を契機に交流

阪神大震災から十六年余が経過。私は教師として多くの感動に出会いましたが、その一つが阪神大震災での被災者と生徒たちとの交流です。

私が教師として最初に勤務した福岡県立小倉東高等学校は、阪神大震災で被災した神戸市の第五仮設住宅の方々との交流を行いました。きっかけは、震災翌年の平成八（一九九六）年に野球部が春の選抜高校野球大会に出場、その際に生徒から「せっかく応援で甲子園に行くんだから、何か被災者のお役に立ちたい」との提案がありました。

当時生徒会の顧問をしていた私は、被災地訪問の準備に取りかかり、それが実現したのです。小倉東高校は一回戦に勝利、その帰路、生徒会と吹奏楽部の生徒約四十名で神戸市の六甲アイランドにあった阪神第五仮設住宅を訪問。義援金を贈呈し、限られた時間でしたが一緒に花を植えたり、吹奏楽部の演奏など心のこもった交流を行うことができました。

その交流で特に印象に残ったのが、吹奏楽部の演奏を涙を流しながら聴いていた高齢の被災者と目頭を熱くしながら演奏を行う生徒たちの姿でした。生徒の一人は「私たちの演奏をこれほど喜んでもらえるとは思いませんでした。演奏しながらこんなに感動したのは初めてです」とその感想を述べてくれました。また、数日後にあった二回戦には十数名の被災者が甲子園に応援に駆けつけてくれ、校歌を一緒に合唱。生徒とともに一喜一憂しながら大声援を送っていただきました。

●自分たちは忘れられていない。ありがとう

それから数週間して、仮設住宅の自治会長だったYさんから便りが届きました。

「あれから一年三カ月。悲しいことに世間では〃あの震災〃になっています。国からの個人補償もなく、復興できる人とできない人の差が広がる一方というのが被災地の現状です。

今、ここの仮設では六、七割の方が高齢者で、ポツリポツリと出て行く人は若い人たちばかり。あとに残る人たちの心の支えは〝自分たちは忘れられていない〟、これだけだと思います。遠く北九州からKOBEにエールを送って下さった。皆さんのお小遣いから義援金を持ってきて下さった。私たちを見捨てていない……。本当にありがとうございます。天災だからしゃあないナアと開き直ってこれからのことを考えます」

この手紙を私が全校集会で読み上げると、生徒たちが感動。その後も仮設住宅との交流を続けていくこととなりました。

結局、交流は仮設住宅が閉所されるまで続き、この間、生徒会が再度義援金を送り、美術部が大きな絵（縦横一・八メートル）を描き神戸に届けました。絵を届けた時、一人のお年寄りが「九州の高校生が私たちのために絵を描いてくれた。私たちは忘れられていない」と感動の涙、絵は集会所の中央に掲げられ、閉所されるまで被災者を励まし続けました。

●一番大切な命が助かった

また平成九（一九九七）年の文化祭には被災者を招待、その一人の老人が全校生徒を前に

「家、財産、いろいろなものをなくしましたが、一番大切な命が助かりました。そしてそのお陰でいろんな方からお金で買えない大切なもの数多くいただきました。今回の招待もその大切なものの一つとなりました。生きていて良かったです」と涙ながらに語りました。このような交流が長く続きましたが、平成十年の春、被災者全員が公営住宅に入所することになり仮設住宅は閉所されました。その閉所式への招待状が学校に届き、私が学校を代表して式に参加させていただき、その時、学校へ心温まる感謝状をいただきました。

これらの活動を通して感じたことは、子どもたちには世の中を明るくしていくパワーがあるということ。この交流は子どもたちの心のこもった行為だったからこそ価値があり、被災者を励ますことができたということです。また交流をとおして、子どもたちは大震災の恐ろしさや命の大切さ、人としてのあり方などについて学ぶとともに、自分たちの行為が被災者の役に立ったという達成感を得ることができました。

子どもたちの目を社会へと向けさせる、このような活動を多くの子どもたちに体験させるべきだと思います。この意味で東日本大震災からの復興に多くの若者がボランティアとして関わっていくことは、被災地のための復興活動という枠を超えて、教育的観点からも貴重な機会だと言えます。多くの若者に被災地を訪れてほしいものです。

41 未来を築いていく子どもたちのために

社会の一員としての自覚

●教え子を戦場に送った教師たち

終戦の日には各テレビ局でさまざまな特集番組が組まれますが、平成二十二（二〇一〇）年八月十五日にNHKで放送された『十五歳の志願兵』というドラマは、戦争とは、国家とは、そして人間とは……、いろいろなことを改めて考えさせてくれました。

国策のもと、学校から志願兵を出さなければならない学校。そのことに矛盾を感じながらも国策を実行していくための組織の一員となってしまった教師たち。一人の教師が矛盾を感じますが、結局は自分や家族を守るため、この流れにブレーキをかけることはできませんでした。

多分私も、当時の教師であればその流れに逆らえずに、多くの教え子を戦場に送ったのかもしれません。

戦前、軍国主義化していく世の中に逆らえずに、多くのマスメディアや教育界が時の流れに迎合、過ちを遂行していくための一組織に成り果ててしまいました。このように教師が間違った指導を行い、子どもたちを戦場に送り込むことがあってはなりません。

●権力を批判するだけでは解決できない現状

戦後、日本社会においては、この過ちを教訓として、国家権力がかつてのように暴発しない社会を築いていくことが最優先されました。権力の束縛からの自由を得ることが民主主義のあるべき姿だとされ、マスメディアが中心となって国家権力による横暴をチェックしながら権力への批判を行ってきました。また、教育活動を推進していく上では政治的中立という大原則のもと、権力と距離を置くことが重視されるとともに、民主主義社会の形成者として健全な批判力を子どもたちに備えさせることが要求されました。

このような流れの中、戦後政治は昭和三十（一九五五）年以降、自民党による長期政権が続きました。そして世界を驚かせた高度経済成長という追い風もあって、日本は経済大国として成長していきました。この政治体制の是非については意見が分かれるところですが、チェックや批判のしがいのある安定した政権運営がなされたことは確かです。

政治はチェック機能が働かなければ腐敗しますし、この方向性は今後も継承されなければなりません。しかし現在のように政治基盤が弱体化し、政治が混乱している状況にあっては、ただ単に権力を批判するだけでは多くのことが解決しません。特に、最近の政治情勢は首相が頻繁に交代し、ねじれ国会のもとに政権が安定していない状態。マスメディアの矛先も、権力をチェックするというよりも、ゴタゴタを早く収束させて安定した政治を実現してほしいという論調に変化してきたように見えます。

●国家を支えているという自覚

また、財政も歳入に占める租税の割合が半分程度という極めて深刻な状況にありながら、抜本的な改革は遅々として進んでいません。今、国民が考えなければならないことは、主権者として、目先の利益を考えて一票を投じるのではなく、未来を託す子どもたちのために何ができ、何を残してやれるかという視点を持つことです。当然のことですが、政治も、

「国民と国の未来のためにこの政策を実施する」という毅然たる姿勢を示してほしいものです。

そして今、教育現場に求められているのは、国民一人ひとりに国家権力に対する健全な批判精神を持たせるとともに、国家を支えているという自覚を持たせていくための教育です。

高齢化が進み、ジャパン・シンドロームとまで称されている超高齢社会、三人に一人が高齢者という状況が目前に迫っています。このままでは、未来を託す子どもたちに、将来への明るい指針をしっかりと示せずに国債という膨大な借金だけを残し、「日本社会の復興と私たちの老後をよろしく頼みます」ということになってしまいます。

私は高校で現代社会や政治経済の授業を行う時、政治的中立ということに配慮しながらも、さまざまな社会情勢をできる限り具体的に伝え、国家を支える主権者として、これからの課題や目指すべき方向性を考えさせるようにしています。

教師が行う日々の教育活動は、未来を託す子どもたちへのメッセージであり、子どもたちにこれからの社会を生き抜いていくための力を備えさせるための崇高な営みでなければならないと思っています。

42

命の尊厳が守られる社会づくりのために

生命は地球より重い

●二十～三十代、死因のトップは自殺

「生きている限り、いつでも、どこでも、そこで終わるということはない。生きている限り、いつでも、どこでも、そこから始めることができる」

これはかつて、先輩教師が、卒業していく教え子に贈った言葉です。生きていくことは、時として辛いこともありますが、死んでしまっては何もなりません。辛い悩み事も、過ぎてしまえば貴重な体験となり、人を強くする機会となるもの。私はこの先輩教師の言葉をお借りして時々、生徒に命の大切さについての話をさせてもらっています。

今日、自殺者が急増、警察庁の発表によれば平成二十一（二〇〇九）年に自殺したのは三万二八四五人。若者の自殺も増加し、ここ最近は二十〜三十代の死因のトップは自殺となっています。また、十代の自殺も多く、中にはいじめが原因とされる自殺もあるようです。親にとって子は宝、愛する子どもに先立たれることほど辛いことはありません。

●死とは何かを考えさせる

さらに近年、若者が加害者として他人の命を奪ったり、傷つけたりする事件がマスメディアで頻繁に報道されています。これらの背景にあるのは、生命に対する尊厳や畏敬の念の欠如。核家族化が進み、本物の死を身近に見る機会が減ってきました。それとは裏腹に、バーチャルな世界においてゲーム感覚で死をとらえる子どもたちが増えているということが指摘されています。

生命とは何なのか、死とは何なのか。これらのことについて子どもたちに考えさせていく機会をもっともっと増やしていく取り組みが、教育現場に求められています。

「人の命は地球より重い」。これはかつて、当時の福田赳夫首相がハイジャック事件に際し、人質解放のため犯人側の要求に応じて、超法規的に過激派を釈放した時に使った言葉です。この措置の是非についての意見は分かれるかもしれませんが、人の生命が軽視されようとしている社会的風潮の中にあって、この言葉は大きな意味を持つのではないでしょうか。みんなで力を合わせて、一人ひとりの生命が最大限に尊重される世の中を築いていきたいものです。

ところで私は職業柄、保護者に集まってもらい、教育についての話をさせてもらう機会がよくありますが、最近は、どのような話し方をしていこうか、以前にまして慎重に考え、判断に迷うようになりました。それは、子どもに対して過保護すぎる保護者とほったらかしの保護者の両方を強く意識するからです。

●子どもは親の〝持ち物〟ではない

これまでは、「親が子どもを構い過ぎてはいけません。親も子離れをして、子どもを自立させて下さい」という言い方をして過保護に注意を促すのが一般的でした。しかし最近は、過保護の増加とともに、自立を名目に子どもをほったらかし、親の役割を果たそうとしない保護者も増えてきていると感じるからです。このような保護者に「親も子離れをして、子どもを自立させて下さい」と話せば、私の教育は正しいと勘違いされることになります。

子どもは親を選べませんし、子どもは親の〃持ち物〃ではありません。過保護も子どもの成長を阻む深刻な問題ですが、親の都合でほったらかしにされたり、虐待される子どもは、もっと哀れな存在です。時折、ほったらかしや虐待が原因で子どもが死亡するなどの事件が報道されますが、保護者としての責任と自覚に欠ける親は子どもにとっての脅威だと言えます。

地域においては、厚生労働大臣からの委嘱を受けた民生児童委員がいて、このような子どもたちを見守り、支援をする仕組みがあります。しかし、プライバシー保護などの観点から十分には機能していません。また権限が不明確の上、交通費などの実費しか支給されない委員に多大な期待をするのも酷な話だと言えます。

子どもたちを守るため、今後は委員の身分保障や権限を見直すなど、このシステムが有効に機能するような制度改革を行っていく必要があります。厚生労働省の所管かもしれませんが、省庁間の垣根を取り払い、文部科学省も積極的に関わっていただきたいと思います。

43 がんばろう、日本という風土を生きる人間として

自然とともに生きる

●四季折々の変化と風土の中で成長

私たちは、家庭で学び、学校で学び、地域社会で学ぶことにより人間として成長します。この「学ぶ」という人の営みは、生きている限り続きます。そして学ぶ上で、もう一つ忘れてならないのは、私たちは日本という文化や風土の中で生きながらさまざまなことを学んでいるということです。

哲学者の和辻哲郎は主著『風土』（岩波文庫）の中で「気候の移り変わりにおいてもまず我々自身の移り変わりを了解するのである」、「我々は『風土』において我々自身を、間柄

としての我々自身を、見いだすのである」と述べています。

私たちは、寒さに耐えながら桜が咲くのを待ちわび、満開の桜に感動しながら春の訪れを実感、散る桜吹雪を見つめながらいろいろなことに思いを馳せます。やがて眩しい新緑がさわやかさを与えてくれ、多くの生き物が躍動感にあふれる季節を迎えます。その後、さわやかさは梅雨を境に湿気を伴うじめじめさへと変わり、暑い夏がやってきます。暑中見舞い、残暑見舞いという独特の風習の中で、日本人は周囲を気遣いながら暑さに耐え、涼しい秋の到来を待つことになります。行楽の秋、読書の秋、食欲の秋。過ごしやすい秋の気候も、自然美の集大成とも言える紅葉を機に風が冷たくなり、人々は再び寒さへの備えをはじめ、季節は厳寒の冬へと移り変わっていきます。

春夏秋冬、四季折々の変化とともに、地域の伝統などが織りなす風土の中で、人としての営みが繰り返されていきます。花見や田植え、祭り、墓参り、稲刈り、雪掻きなど、人は営みの中で、さまざまなことを体験し、年を重ねていきます。そしてこの中で、私たちは多くのことを学び、一人の日本人として成長していくのだと言えます。そう考えると、私たちは暑さや寒さなど自然がつくる環境に耐え、順応することで強くなっているのかもしれません。

●暑さ、寒さで培う気力と体力。快適さの先には

私が勤務するとともに母校でもある育徳館高等学校・中学校では校舎の建て替え工事が行われ、平成二十一（二〇〇九）年に学校が新しく生まれ変わりました。旧校舎には空調設備が無く、生徒たちは暑さ、寒さに打ち克ちながら勉学に励んでいましたが、今の生徒は空調が整った快適な教室で授業を受けています。

多くの学校では九月に体育祭がありますが、熱中症対策は大きな課題です。冷房の中で学習してきた生徒たちが炎天下の練習や行事に耐えられるのか。近年、熱中症が増えてきた背景としては温暖化の進行も考えられますが、子どもたちの暑さに耐える力が低下してきたこともその要因の一つであるような気がします。

この世の中の流れに逆らうことはできませんが、この快適さの先にあるものは何なのか、ということを考えていく必要があります。すなわち快適な学習環境と引き換えに、暑さや寒さに耐える子どもたちの気力や体力が衰えていくということです。また、この生活環境の変化は、日本人が四季の移りかわりの中で培ってきた感性をも歪ませていくのではないでしょうか。

●人は自然の猛威と闘い、自然の中で生きる

東日本大震災で大自然の猛威にさらされた被災地。被災した漁港において、ある漁業関係者がテレビのインタビューに「早く漁に出たい。俺たちは海で生きるしかない」と答えるシーンが印象的でした。

私たちは自然を畏れ、時としてその猛威と闘いながら、そこからの恵みを糧としています。すなわち自然の中で生き、生かされていることを、謙虚に自覚しなければなりません。そしてその上で、自然を征服することはできませんが、人類の英知を結集させて自然の猛威に対しての備えを為《な》さなければなりません。これが防災であり、地震大国といわれる日本においては特に重要であって、東日本大震災からの復興とこれからの新しい国づくりは、このことを念頭に置いたものでなければなりません。

被災地の方々に対して「がんばろう」と言っても、「そんなに簡単には、がんばれないよ」とのお叱りを受けるかもしれません。しかし私たちにできることは、被災地の復興は日本の復興であるという大前提に立ち、日本国民が一丸となって「がんばろう、日本」を合言葉にしながら、被災地のために何ができるかを考えていくことではないでしょうか。

結びにかえて

最近、「子どもの目線に立った教育」という観点から小・中学校では教壇がない教室が増えていると聞きました。教壇の有無、それはあまり気にすることではない、とは思いますが、あえてどちらかと聞かれれば、私は必要だと答えます。

その理由は単純で、生徒が授業に集中していない、手遊びをしたりノートをとっていないなど、教壇に上がると教室にいる全生徒の様子が大変よく分かるからです。また、教壇がある分だけ、黒板の位置を高く設置できますので生徒は黒板を見やすくなります。

教壇が設置された経緯はよく分かりませんし、設置の目的は当初、教師の権威の象徴だったのかもしれません。しかし現在、教壇は教育現場に溶け込んでいますし、権威の象徴と思って教壇に上がる教師はいないと思います。

むしろ教壇は生徒を見下ろすためにあるのではなく、生徒を見守るためにあるのではないでしょうか。そして、教師と生徒は友達であってはいけませんし、その高さの分だけ、教師としての心構えをもって生徒の状況をしっかりと見極めて適切な判断をしなければなりません。

この教壇の問題を取り上げたのは、「子どもの目線に立った教育」を行うためと称して、教壇の高さを問題視し、生徒よりも少し高い所にいるという理由で教壇をなくそうとする短絡的な発想が、なぜ正論としてまかり通るのかということに不思議な思いを持ったからです。

教壇があってもなくても、教師は子どもの目線に立っていろいろなことを考えなくてはなりません。このような意味のない安易な平等観が、結果として教師の存在意義を失墜させ、生徒は教師のことを友達としてとらえるような雰囲気を生んでいるのではないでしょうか。

＊　＊

私は今回、それぞれの記述の中で、「教員」ではなく、あえて「教師」という言葉を用いました。それは、我々のあるべき姿は生徒に対して教育を行う単なる職員ではなく、一人の師でありたいと願う気持ちからです。

正直言って、教師よりも教員と呼ばれる方が気が楽であり、一般的なのかもしれません。

しかし生徒の前にあっては可能な限り、師であろうと努力することが大切であり、その努力こそが教育の質を高めていくのだと考えます。

このように教師の資質は学校教育の根幹を成すものであり、教師に頑張ってもらうことは絶対に欠かせない要素ですが、一方で頑張れなくなった教師も増えてきました。

以前、新聞が「うつ病などの精神疾患で平成二十一年度中に休職した全国の教師は五四五八人と過去最高を記録、十七年連続で増加し人数は二十年前の五倍。増加の要因としては、保護者や地域住民からの要望の多様化、長時間労働、複雑化する生徒指導など、さまざまなことが重なっている」と報じていました。

これはおそらく氷山の一角で、その予備軍を含めると精神的に追いつめられている教師は相当な数になるだろうと思います。また最近は、私の周りにおいても決して珍しいことではなく、多くの教師たちにとって他人事ではない現象となってきています。

現在、私は理想と現実のギャップに戸惑いながらも、「人が人を教える」という教育の難しさや奥深さを学ぶ日々の生活の中で、自分の未熟さ、無力さを改めて実感しています。

そして気がつけば五十歳となり、教壇に立てる年月が少なくなったと感じる年齢となりました。定年退職の年齢が引き上げられるかもしれませんが、現状のままであればあと十年足らずです。

教師は多大なエネルギーを必要とする職業で、最近は生徒と向き合っていて、もう若くないなと感じることが多くなり、もしかしたら定年まで気力、体力が保つのか不安になる時があります。その意味ではあと十年しか教壇に立てないという気持ちと、あと十年も教壇に立つことができるだろうかという気持ちが交錯しています。

いずれにしても、今の私にできることは、目の前の子どもたちと一生懸命向き合い、できる限りの力を振り絞って教育活動を行うこと、それこそが私に課せられた使命だと考えています。

それともう一つ私が五十歳となり考えたのは、子どもたちをより良い教育環境で学ばせるために、さらにはこれからの教育界を担っていく後輩の教師たちのために、何か行動を起こせないだろうかということです。そしてたどり着いたのが、私の想いや教育の現状を「拝啓　文部科学大臣殿　がんばろう、日本の教育」という形で記していくことでした。

東日本大震災という出来事は、私にこのことを決断させてくれる本当に大きな出来事でした。この国難とも言える国家の危機をどう克服していくのか、日本人としてのあり方が問われています。被災地の復興なくして日本の復興はありえませんし、日本が完全に復興するには多くの時間と労力が必要となります。そして将来、その中心となって活躍してもらわなければならないのが今の若者たち。こう考えると、今後の教育のあり方は日本の復興に大きく関わってくることになります。

また被災地の復興は、これまでの日本の教育の成果や課題、今後のあり方を見つめ直す場でもあり、大震災からの復興は、若者たちに日本人としての心を取り戻させる貴重な機会とも言えます。

今後は教育の真価が問われる時代となり、まさに「がんばろう、日本の教育」という合言葉のもと、教育活動に携わるすべての方々の力を結集していく必要があります。その意味で本書が、文部科学大臣をはじめ、教育行政に関わる方々、地域で子どもたちに関わっている多くの皆様への何らかのメッセージとなること、さらには大震災による被災者や同僚教師を勇気づけ、日本の教育を復興させていくための小さな小さな一歩となることを願っています。

最後になりましたが、上梓にあたりご協力をいただいた方々、特に多くの助言をいただいた光畑浩治氏、花乱社の別府大悟編集長、宇野道子さんに衷心《ちゅうしん》より感謝致します。

また、親バカとお叱りを受けるかもしれませんが、表紙カバーには娘・桃井礼（小学六年生）が昨年描いた画（平成二十二年度福岡県小学校児童画作品展で入選）を使用しました。それは、頑張って組み体操する子どもたちの姿が、「がんばろう、日本の教育」のイメージと偶然にも重なり合ったからです。五十歳という節目に、娘の画を表紙として本書を出版できることにも感謝したいと思います。礼、ありがとう。

平成二十三年十月

桃井正彦

お陰様で、今の私がいます。

私は，犀川町（現みやこ町）の喜多良という田舎の桃井家で生まれ，裕福ではありませんでしたが，自然と愛情に囲まれた日々の中で育ってきました。そして学校やさまざまな出会いの中で，いろいろなことを教えられてきました。この間，病気になったり精神的に荒れたこともありましたが，半世紀を生きた今，こうして存在しているのは，私が生きてきたというよりも，いろいろな方々とのご縁の中で生かされてきたのではないかと思っています。両親，祖父母，妻子，弟，親戚の叔父や叔母，近所のおいちゃん・おばちゃん，学校の先生，病院の先生，友人や同僚，先輩や後輩など，これまでお世話になった多くの方々，お陰様で50歳になりました。ありがとうございます。

装丁：design POOL

桃井正彦（ももい・まさひこ）
昭和36年，福岡県京都郡犀川町（現みやこ町）に生まれる。昭和58年，行橋市役所の職員となり，主として広報を担当し，県広報功労者表彰（平成４年２月）。また長年，ボランティアとして地域の少年の船活動の指導員として夏休み期間中に沖縄を訪れ，子どもたちの健全育成や平和教育に携わる。平成６年３月，行橋市役所を退職，４月から福岡県の高等学校教諭となり，福岡県立小倉東高等学校に赴任。生徒会の顧問として神戸の仮設住宅との交流にも関わる。平成15年から母校でもある福岡県立豊津高等学校（校名変更により現在は育徳館高等学校）に勤務し，教科は公民科を担当。また中高一貫教育校のため，育徳館中学校の社会科も担当する。行橋市在住。
著書に『市役所中退』(1994年)，共著に『京築文化考 ３』(1993年)，『京築を歩く』(2005年，いずれも海鳥社）がある。これまで各紙地方版などに60をこえるエッセイやコラムを執筆。

拝啓《はいけい》 文部科学大臣殿《もんぶかがくだいじんどの》　がんばろう，日本《にっぽん》の教育《きょういく》
～震災復興《しんさいふっこう》と子《こ》どもたちの未来《みらい》のために～

❖

2011年11月11日　第１刷発行

❖

著　者　桃井正彦
発行者　別府大悟
発行所　合同会社花乱社
〒810-0073 福岡市中央区舞鶴 1-6-13-405
電話 092(781)7550　FAX 092(781)7555
印　刷　インテックス福岡
製　本　篠原製本株式会社
［定価はカバーに表示］
ISBN978-4-905327-11-0

JASRAC 出 1112795-101

フクオカ・ロード・ピクチャーズ　道のむこうの旅空へ

川上信也著

海，空，野山，街，路傍の一瞬――風景写真家・川上信也が写し取った一枚一枚にはただ佇むしかない。対象は福岡県内全域，美しい“福岡の四季”を捉えた旅写真集《ロード・ピクチャーズ》。

▷Ａ５判変型／160ページ／並製／定価1890円

野村望《ぼう》東《とう》尼《に》　ひとすじの道をまもらば

谷川佳枝子著

高杉晋作，平野国臣ら若き志士たちと共に幕末動乱を駆け抜けた歌人望東尼。無名の民の声を掬い上げる慈母であり，国の行く末を憂えた“志女”の波乱に満ちた生涯。

▷Ａ５判／368ページ／上製／定価3360円

福岡地方史研究　第49号

福岡地方史研究会編・発行／花乱社発売

【特集＝山家宿400年記念―峠・街道・宿場町２】桐山丹波と山家宿／筑前山家宿の設置について／原田八景／福岡藩主の前原宿泊／秋月街道「古八丁越」をめぐる諸問題，他

▷Ａ４判／180ページ／並製／定価1470円

博多座誕生物語　元専務が明かす舞台裏

草場　隆　著

全国唯一の「公設・民営」常設劇場・博多座。「演劇界の奇跡」と呼ばれた舞台づくりはいかにして成ったのか。たった一人から始まった大プロジェクトの全貌を綴る。

▷四六判／270ページ／並製／定価1575円

憂しと見し世ぞ

岡田哲也著

60年代，大学紛争真っ盛りの時期に村上一郎と出会う。青春期の彷徨を描いた「切実のうた　拙劣のいのち」ほか，家族やふるさとへ寄せる想いを綴ったエッセイを集録。

▷四六判／280ページ／上製／定価2100円

人間が好き

植木好正画集

懐かしいのにどこか不思議，愛情たっぷりなのにどこか毒がある――。人間世界への愛情とペーソスに満ち溢れた画集。赤裸々に自己と生活を綴ったエッセイも収録。

▷Ａ４判変型横綴じ／64ページ／並製／定価2625円／２刷